AF275081

Deep Web

Amenazas y protección en la red oculta

2ª edición actualizada

Deep Web

Amenazas y protección en la red oculta

2ª edición actualizada

Facundo David Gallo Serpillo

La ley prohíbe
fotocopiar este libro

Deep Web. Amenazas y protección en la red oculta. 2ª edición actualizada
Código THEMA: UFC – Computer security
Código BISAC: COM042000 – ComputERS / Security / General
© Facundo David Gallo Serpillo
© De la edición: Ra-Ma 2026

Editado por:
RA-MA Editorial
Calle Jarama, 33, Polígono Industrial Igarsa
28860 PARACUELLOS DE JARAMA, Madrid
Teléfono: 91 658 42 80
Fax: 91 662 81 39
Correo electrónico: *info@grupoeditorialrama.com*
Internet: *www.ra-ma.es* y *www.ra-ma.com*
ISBN impreso: 979-13-88059-26-1
ISBN ePub: 979-13-88059-27-8
El e-book de esta obra es accesible y cumple con la norma WCAG 2.2 nivel AAA.
Depósito legal: M-28103-2025
Maquetación: Antonio García Tomé
Diseño de portada: Antonio García Tomé
Filmación e impresión: Safekat
Impreso en España en enero de 2026

A mi familia por permitirme la ventaja de escribir
a largas horas de la noche,
incluso cuando se torna difícil compaginarlo
con las obligaciones personales.

A las Fuerzas y Cuerpos de Seguridad del Estado español, por su
encomiable labor en la lucha contra el crimen organizado en la Dark Net.

A los investigadores que descendieron en busca de su propio Kraken
y no hallaron más que el desasosiego o la rendición.
Que la presente obra sirva como motor de impulso
para nunca rendirse ante lo improbable.

ÍNDICE

SOBRE EL AUTOR

Como doctor en criminología e ingeniero informático, me he tomado la licencia de arropar la obra bajo alguna que otra pincelada técnica gracias a mis conocimientos en el campo de la ciberseguridad, mientras que mi perfil académico me ha permitido aplicar didáctica en aquellas ocasiones donde la terminología se antoja compleja e inabarcable.

He trabajado desde los 18 años en el sector de la informática, y actualmente me dedico en cuerpo y alma a mis funciones como profesor doctor e investigador; aún no he bajado la guardia, sigo cometiendo errores de los cuales aprendo mucho, y me queda combustible por quemar.

Facundo Gallo Serpillo

PRÓLOGO

Entre las paradojas de estos tiempos de incertidumbre se encuentran el progresivo sacrificio de la privacidad en aras de una, hipotética, mayor seguridad y, sobre todo, una inconsciente y generalizada devaluación del anonimato. Mientras Estados y organizaciones, con sus correspondientes instituciones y agencias, comités y defensores del ciudadano, se empeñan en defender la privacidad y proteger los datos personales, son muchas las personas que asisten apáticas e indiferentes, incluso contrariadas, a este complejo montaje de normas, órganos, requisitos y consentimientos que no quieren o no pueden entender. No es difícil tener la impresión de que los gobernantes están caminando en dirección contraria al sentir de los ciudadanos para quienes la idea de privacidad y el valor del anonimato no necesariamente tienen el mismo significado. Por otra parte, sin embargo, esos mismos Estados y organizaciones, con sus correspondientes instituciones y agencias, están embarcados en el debate sobre la encriptación alegando motivos de seguridad ciudadana o nacional para justificar el acceso a los datos personales y al ámbito de la privacidad que, con tanta insistencia y medios, por otra parte, aseguraban querer defender.

En la sociedad de la vigilancia, el anonimato, ese bien tan preciado y cada vez más escaso, es el fundamento y la razón de ser de la Deep Web donde no hay seguridad, ni parece posible aplicar la legalidad: un alto precio a pagar. Entre la utopía de un mundo sin vigilancia y la distopía de un mundo sin reglas, la Deep Web sigue siendo un mundo desconocido para la gran mayoría. Con esa obra Facundo David Gallo ofrece al lector la posibilidad de entender ese mundo bipolar.

Esta monografía se estructura en cinco capítulos que responden a una atractiva, a la par que didáctica y dinámica, organización secuencial. Tras un primer capítulo introductorio, la división zonal de las superficies del mar obra el milagro

–por mérito del autor– de adentrarnos de un modo prácticamente visual, pero realmente conceptual, en el proceloso mundo de la Deep Web.

El primer capítulo, bajo el ilustrativo título "Curso rápido de buceo", ofrece una panorámica precisa del objeto de esta monografía prodigando información y conocimientos sobre la filosofía de las profundidades –en las que se cruza el umbral hacia lo desconocido y se entra en el imperio del anonimato–, las medidas de compresión para el buceo –que permiten ese anonimato– y los medios alternativos de exploración como la Freenet o el Invisible Internet Project (I2P).

Tras esta explicación introductoria, el lector agradecerá la advertencia con la termina el capítulo I y comprenderá su significado al completo, incluido el agradecimiento a las fuerzas y cuerpos de seguridad del Estado, al final del inquietante trayecto que proponen sus páginas. No hay que olvidar, como advierte el autor, que la filosofía de la red Tor "se basa en asegurar el anonimato de los usuarios, haciéndolo incompatible con los controles y estándares de seguridad que garantizan las trazabilidades o registros de usuarios, de tal manera que resulta complejo aplicar medidas de restricción legal sobre los contenidos publicados".

A partir de ahí, los capítulos II a V se explican como un tránsito desde las zonas Fótica a Batial, Abisal y, finalmente, Hadal en una exploración que permite, en una progresión creciente en este avance metafórico, pero no por ello menos inquietante, hacia esas profundidades, conocer y comprender el significado, el entramado y el funcionamiento de esta suerte de submundos que constituye la Deep Web.

En el capítulo II, dedicado a la llamada Zona Fótica (0 a 1.000 ms. de profundidad), próxima a la Surface Web que conocemos, el autor explica la tecnología P2P, el archivo Torrent y el Protocolo BitTorrent que opera mediante un modelo de funcionamiento distribuido basado en fragmentar el fichero destino entre varios hosts y con un nodo generador principal denominado semilla. La filosofía que subyace detrás de esta metodología consiste en situar a cada nuevo usuario como punto de distribución. Sobre esa base conceptual, se analizan, ilustrando con imágenes y tablas, los casos de la Mazmorra de lo Grotesco, Sad Satan, el complejo entramado de símbolos del misterio "432" y sus significados y la Fundación Cryptome, un extenso archivo de supuestas filtraciones que parecen involucrar a los gobiernos estadounidense y británico.

El capítulo III se ocupa de la Zona Batial (1.000 a 4.000 ms. de profundidad), definido como el hábitat de una escasa fauna que nada libremente pero que nunca se aproxima a la superficie y en la que sus habitantes deben recurrir al único alimento existente: la depredación de otros organismos. Este capítulo se subdivide en un primer apartado sobre "Como guiarse en la oscuridad" y uno segundo denominado "comunicaciones a ninguna parte".

El primero se construye buscando referentes conforme al modelo de la Surface Web para guiarnos sobre algunos de sus contenidos. El autor identifica y explica el tipo de buscadores como Torch, AHMIA y DarkSearch, que presentan ventajas e inconvenientes. Hidden Wiki cumple funciones similares, salvando las distancias, a las de una Wikipedia. Los sistemas de hosting y para la creación de webs siguen una lógica también similar en la medida en que pueden contratarse a terceros o crearse por el usuario mismo, si se tienen los conocimientos necesarios a esos efectos. Imágenes y tablas informan sobre condiciones y precios con la particularidad de que no hay límites en cuanto al uso, pero tampoco garantías de que, efectivamente, se vaya a cumplir con el servicio contratado y pagado por adelantado. El dilema libertad *versus* seguridad se manifiesta de un modo tan extremo que incluso le hace perder su significado. Siguiendo con las referencias conocidas, las cuentas de correo funcionan con una lógica parecida a las conocidas en la Surface Web.

En cambio, las denominadas "Comunicaciones a ninguna parte" se sitúan en un territorio algo diferente. Aunque responden a las mismas necesidades de la Surface Web, las dinámicas son distintas: confesionarios donde se confiesa lo que sería inconfesable; chats donde se habla de lo que no debería verbalizarse; y foros, como OnionChan, que funciona como un Guadiana con intervalos activos e inactivos y contenidos consistentes, básicamente, en la circulación de material ilícito, que el autor ilustra con imagen y datos.

El capítulo IV lleva al lector a la Zona Abisal (4.000 a 6.000 ms. de profundidad) donde el autor le recibe explicando el significado del término abismo: un lugar profundo y frío por la ausencia total de luz habitado por animales con apariencia monstruosa y movido por dinámicas vitales alejadas de todo sentido común. Es la Dark Net.

En una breve introducción, bajo el título "Sin sentidos", se advierte sobre la irracionalidad de los contenidos y sobre la forma en la que el autor aborda su análisis que se articula en una parte dedicada a los denominados objetos hundidos y otra sobre la llamada fauna más salvaje. Drogas, armas, tarjetas de crédito, pasaportes o herramientas cibernéticas maliciosas entran en la primera categoría y se explican con una profusión de imágenes y datos que permiten calibrar el alcance y la naturaleza de este mercado. Asesinos a sueldo, que se publican abiertamente en esta red, y piratas informáticos, que trabajan al otro lado de la legalidad, protagonizan ese escenario dentro de la fauna más salvaje.

El capítulo V corresponde a la Zona Hadal (6.000 a 11.000 ms. de profundidad) que significa lugar de muerte. Leyendas y mitos, como el del ejército fantasma, coexisten en este espacio con una realidad en la hay dominios independientes –".loki" o ".clos"– o portales como "liberté". Una atención especial dedica el autor a la denominada leyenda del Kraken de la Deep Web: la RedRoom o DarkRoom donde supuestamente se practica el asesinato en directo. Imágenes de capturas de pantalla, datos y tablas cuidadosamente explicadas por el autor consiguen transportar al lector al núcleo duro de la zona Hadal.

Este recorrido experto por la Deep Web es posible gracias a la maestría profesional, técnica y expositiva de Facundo Gallo Serpillo. Además de su actual función como profesor doctor en la Universidad Internacional de La Rioja, Facundo Gallo Serpillo ha trabajado como consultor de ciberseguridad, seguridad informática y gobierno de la seguridad en distintas empresas y en instituciones públicas, en una larga trayectoria de compromiso personal y profesional con la ciberseguridad. Solo la combinación de una grandísima experiencia y unos sólidos conocimientos con una definida vocación y un compromiso personal con la ciberseguridad puede explicar la entidad y el valor del trabajo realizado con esta inmersión en los mundos subterráneos de la Deep Web. A su Doctorado en Criminología, el autor suma un Grado en Ingeniería Informática, creando el entramado perfecto para escribir una obra científicamente sólida, técnicamente impecable y comprensible para cualquiera que quiera acercarse al conocimiento de la Deep Web. Con mi enhorabuena por el trabajo va también mi agradecimiento por haberme permitido el honor de prologar esta extraordinaria monografía.

Margarita Robles.
Catedrática de Universidad. Departamento de Derecho, Universidad de Granada

INTRODUCCIÓN

La presente obra, en su segunda –y actualizada– versión, mantiene una exposición con enfoque divulgativo como eje vertebrador; de este modo, el contenido presentado en el primer bloque está acompañado de un conjunto de evidencias recogidas entre los años 2015 y 2020 sobre el amplio mundo de mitos y hechos de dudosa credibilidad que subyacen en la Deep Web, más en concreto en la denominada red Tor. Por otro lado, la presente versión expande su *corpus* documental con un segundo bloque destinado a metodologías de ciberinvestigación en la red Tor, sumando contenido técnico de interés para el colectivo de ingenieros, criminólogos, agentes del orden, y detectives privados.

Aunque muchos hayan oído hablar de los términos Deep Web y Dark Net, y otros aún desconozcan por completo su significado, la realidad es que nunca deja indiferente a nadie. La cara oculta de la gran red de redes sigue atrapando a todo aquel que se adentra en su toda su amplitud, donde los límites divisorios entre legalidad e ilegalidad son imperceptibles. En la redacción de este libro se emplean términos como navegar y bucear, conocidos y utilizados por todos, para describir como nos movemos la red; de igual forma se ha pretendido dotar de "materia" a ese lado oscuro de Internet, y para ello he utilizado una figura retórica de un ser mitológico:

EL KRAKEN

El Kraken es una colosal criatura marina de la mitología escandinava, descrita comúnmente como un pulpo o calamar gigante que ataca barcos y devora a los marineros. Kraken proviene de la palabra escandinava *Krake*, la cual hace alusión a un animal enfermizo y algo retorcido, adjetivos que también pueden aplicarse a la Dark Net.

A este ser me he permitido incorporarle el termino *2.0* ya que el internauta tiene la posibilidad de interactuar con el resto de los usuarios o aportar contenido.

Equípese con su mejor escafandra y únase a esta cuenta regresiva para sumergirse en la apasionante búsqueda del Kraken 2.0.

BLOQUE 1

CURSO DE BUCEO PARA TODOS LOS PÚBLICOS

## 1

CURSO RÁPIDO DE BUCEO POR LA DEEP WEB

En la era de la revolución informática existe una gran ventana que, con el paso de los años, se ha ido consolidado por cristales de múltiples tinturas; podemos detenernos ante la imponente cristalera y recopilar solo aquellos fragmentos pertenecientes a la gama de colores cálidos, fieles representantes de la armonía, la verdad y la templanza, pero también podemos caer en la atracción por los colores fríos y entonces el discurso cambiar radicalmente. Esta gran ventana es lo que conocemos como Internet, una fuerza arrolladora que no ha parado de crecer desde el latir de sus orígenes militares hasta generar la dependencia que hemos abrazado como sociedad digital. Otra imagen más clásica sobre el concepto Internet la podemos proyectar si imaginamos este universo de unos y ceros como la biblioteca más grande de la historia de la humanidad, y es que no resulta desatino admitir que se trata del principal punto de encuentro para diversas corrientes de pensamiento.

Si las habladurías no son tales, y resulta que hasta el Vaticano guarda un libro por cada obra lanzada al fuego inquisidor:

¿dónde se encuentran entonces los datos no convencionales de Internet?
¿cómo podemos acceder a la gama de colores fríos?

1.1 APRECIACIÓN DESDE LAS ORILLAS

Para responder a las anteriores inquietudes, necesitaremos acceder a un entramado de frías corrientes marinas despojándonos de todo pensamiento racional y moral, porque navegar en las profundidades es transgredir los límites de lo conocido.

Cuando nos adentramos en servicios web que requieren de métodos adicionales para consultar información, podemos advertir que nos encontramos frente a la denominada Deep Web (en adelante DW), siendo su antónimo Surface Web (en adelante SW), o Internet visible/superficial. Adicionalmente, ciertas arquitecturas sobre las cuales se sustenta la DW facilitan el anonimato de sus usuarios mediante el uso de servicios volátiles y mecanismos de cifrado; entre estas arquitecturas encontramos la red Tor (acrónimo de The Onion Router).

Aún recuerdo cuando el buceo mediante redes anónimas se antojaba accesible a unos pocos iniciados, y es que a principios del siglo XXI uno oía hablar de Tor con esa extraña sensación entre incredulidad y fascinación; no debemos olvidar que por aquel entonces el proyecto se encontraba en manos del Laboratorio de Investigación Naval de los Estados Unidos[1] ergo resulta comprensible que a este servidor, con tan solo quince años de edad, se le iluminasen los ojos cada vez que oía hablar de un hacker oculto tras la capa de invisibilidad que provee Tor; en lo personal recuerdo aquellos días como una sensación equiparable a tener constancia sobre la prueba definitiva de vida extraterrestre, pero sin poder corroborarlo; uno sabía que existía, y aun así desconocía cómo ser testigo del milagro.

No fue hasta que Tor cayó en manos de la organización The Tor Project, Inc[2] cuando se expandió el uso liberado de la red, facilitando de manera significativa las herramientas para acceder a esta peculiar DW.

---

1   Pandasecurity. Tor y deepweb todos los secretos. Recuperado de:
    https://www.pandasecurity.com/spain/mediacenter/seguridad/tor-y-deepweb-todos-los-secretos/

2   Torproject. History. https://www.torproject.org/about/history/

1.2 FILOSOFÍA DE LA RED TOR

No olvidemos nunca que la filosofía de la red Tor se basa en asegurar el anonimato de los usuarios, haciéndolo incompatible con los controles y estándares de seguridad que garantizan las trazabilidades o registros de usuarios, de tal manera que resulta complejo aplicar medidas de restricción legal sobre los contenidos publicados, se trata, por tanto, de un entorno digital no regulado. Por consiguiente, no se antoja difícil encontrar material que va desde un documento gubernamental, supuestamente clasificado, hasta dantescas escenas de videos de tortura, violación y muerte; como bien se adelantaba en el prólogo, una de las misiones de este libro es mostrar al ciudadano lo sencillo que puede llegar a ser el acceso a este contenido separando en todo momento, y con total transparencia, los mitos de las realidades.

Un compendio de datos recabados por la Encyclopedia Britannica[3] exponen que para el año 2001, la DW pudo haber alcanzado la cifra de 7.5 petabytes de información y esto a día de hoy sigue representando una cantidad descomunal de datos; por otro lado, y lejos de las aproximaciones estadísticas, si nos preguntamos sobre la verdadera extensión de este submundo de Internet debemos hacer un ejercicio de humildad y reconocer que no puede cuantificarse empíricamente, entre otras cosas porque muchos servicios publicados son intermitentes y la información que ahora mismo está disponible puede que desaparezca en un par de minutos; en estos escenarios, tirar la piedra y esconder la mano es técnica recurrente para evitar una multa o que los agentes de la ley toquen el timbre a las 3 de la mañana.

Otro dato a tener en cuenta para conocer la complejidad de cuantificación es la escasa indexación de contenido. La indexación es un término informático que versa sobre la posibilidad de listar en buscadores las páginas webs disponibles en Internet, estos buscadores funcionan como una guía telefónica que, en lugar de contener nombres y direcciones de personas físicas, recoge nombres y direcciones de personas físicas, recogen nombres y direcciones hacia portales web. En este sentido, y dentro de la SW, existen motores de búsqueda tales como Google [4]o Bing[5], por citar los más utilizados.

Ahora que somos capaces de visualizar el concepto de indexado, es importante señalar que no se aplica la misma lógica lógica en la red Tor; si bien ha crecido la integración de buscadores como veremos más adelante, apenas se indexa

---

3   Pierluigi Paganini. The Deep Web: The Internet's Dark Side. Recuperado de:
     https://www.britannica.com/topic/Deep-Web-The-Internets-Dark-Side-The-2010684

4   Google. Google.com

5   Bing. Bing.com

una mínima parte del volumen total de los portales, esto se debe a que entra en juego otra estrategia clave en la disposición de contenidos dentro de la red Tor: enlaces hacia servidores que se mantienen en secreto y se distribuyen con el boca a boca.

Recapitulemos por un momento. Se habló que la red Tor, entre otras características, almacena contenidos efímeros difíciles de localizar y naturalmente te preguntarás:

¿Qué ocurre si hago una batería de intentos escribiendo en mi navegador de Tor algo así como "#.com"? siendo # el tipo de contenido que quiero encontrar.

En efecto, podríamos intentarlo en un navegador que funcione para SW y existiría alguna probabilidad de encontrar una página web relacionada, pero en Tor esta técnica no serviría de mucho ya que no funciona con dominios al uso ni tampoco con nomenclaturas intuitivas. Para entender mejor el concepto de dominios en la red Tor vamos a imaginar que estamos en nuestra casa y necesitamos indicar a otra persona cómo enviarnos un paquete por correo ordinario.

¿Qué tipo de información le proporcionaríamos?

La dirección y nuestro nombre conforman el conjunto de datos esenciales para el éxito de la entrega, porque nos identifica inequívocamente más allá del propio DNI o pasaporte, que en este caso no aplicaría.

En esencia, un dominio funciona como una dirección física que nos permite encaminar el correo (petición web) al destino exacto (página web), y está formado por la siguiente nomenclatura:

"Nombre+Extensión"

Y para ejemplificarlo, que mejor que recurrir nuevamente al dominio más famoso, "google.com", donde "google" representa el nombre del dominio y ".com" la extensión.

Cuando nos referíamos a que la búsqueda aleatoria de términos en el navegador de Tor no resulta una práctica viable, es precisamente porque nombres de dominios están formados por 16 caracteres alfanuméricos generados manualmente, representando un número de 80-bit en base32, lo cual se traduce en una cadena alfanumérica seguida de la extensión ".onion"; ya ahondaremos más adelante sobre los mitos y realidades que rodean el resto de supuestos dominios alternativos en la red Tor.

1.3 MEDIDAS QUE FACILITA EL ANONIMATO A LOS USUARIOS

Siguiendo en la misma línea de los dominios web, y haciendo uso de la simple deducción, podemos advertir que la extensión ".com" hace referencia a páginas comerciales, la extensión ".org" a organizaciones, la ".es" a sitios webs pertenecientes a España, la "gov.es" a entidades gubernamentales de España; pero

¿A qué se debe la extensión ".onion"?; para resolverlo necesitaremos ahondar en el método que facilita el anonimato a los usuarios.

En algún momento de este libro nos hemos comenzado a familiarizar con en el término Tor sin apenas darnos cuenta y ahora sabemos que representa un conjunto de herramientas facilitadoras para la navegación en DW. No olvidemos que Tor es el acrónimo de *The Onion Router*, y aquí es donde nos topamos con ese extraño término de "onion" (del español "cebolla") porque, como una imagen vale más que mil palabras, la alegoría de la cebolla ejemplifica claramente cómo funciona nuestra herramienta fundamental para el buceo hacia los abismos.

Figura 1. Conexión tipo cebolla. Elaboración propia.

En la capa interna nos encontramos nosotros, los usuarios, y a diferencia de lo que sucede en la SW, donde accedemos a un servidor pasando directamente por la última sección, en la red Tor hemos de atravesar todas las capas intermedias hasta llegar al servicio que queremos consultar. Cada capa de esta cebolla se denomina nodo, y no son otra cosa más que equipos informáticos capaces de encaminar y cifrar nuestra navegación.

Con una red tipo "cebolla" el anonimato está garantizado, pues la información sale cifrada desde el primer nodo (usuario) y se descifra en el último, mientras que de por medio hay una cadena de encaminadores distribuidas por diferentes países y cada vez que nos conectamos se nos asigna una nueva cadena de nodos con distinta geolocalización. A continuación, observamos una representación gráfica sobre el funcionamiento de la red Tor.

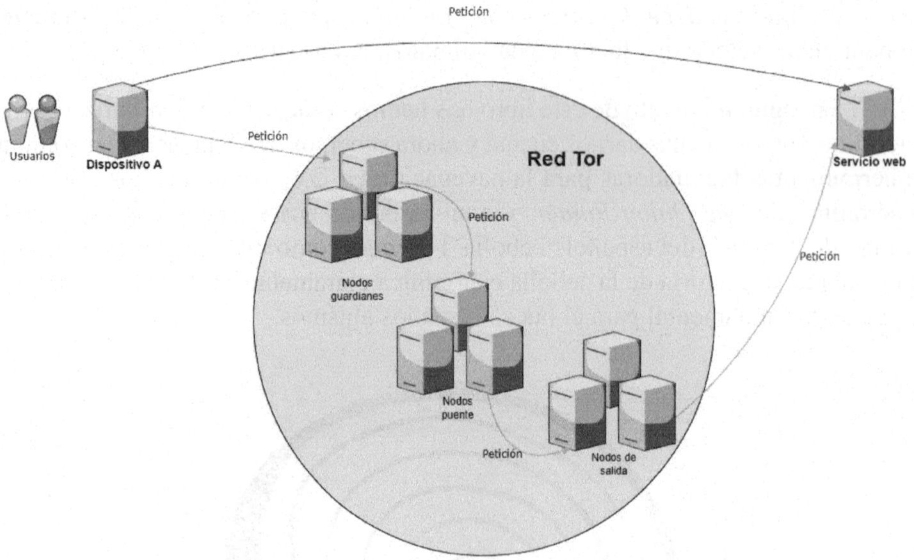

Figura 2. Funcionamiento de la red Tor. Elaboración propia (Gallo Serpillo, 2024).

Es por el funcionamiento intrínseco de la arquitectura de "cebolla", donde todos los nodos reciben y retransmiten la información hasta llegar a su destino, que notaremos una mayor lentitud en la navegación comparado con un uso convencional en la SW.

1.4 MEDIOS ALTERNATIVOS DE EXPLORACIÓN

Si luego de sumergirnos en la red Tor en busca del Kraken 2.0 sentimos curiosidad por explorar otros territorios profundos e inhóspitos, existen un par de variaciones que seguramente saciarán nuestro apetito por el redescubrimiento de paisajes poco habituales.

Se tratan de los ecosistemas FREENET (en adelante FN) e I2P en los cuales ahondaremos lo necesario para que el lector se familiarice con la posibilidad de recorrerlos una vez concluida la presente aventura.

1.4.1 Freenet, la red de túneles olvidados

FN es una solución de software libre ideada para apoyar la libertad de expresión a través de redes de pares y bajo el cobijo brindado por el anonimato. En esencia, su funcionamiento está basado en una red de nodos que comparten un conjunto de información y que siguen una arquitectura del tipo P2P, concepto que conoceremos al detalle en el apartado 2.1 del presente libro.

Para hacernos una idea efusiva de la dinámica dentro de FN vamos a suponer que dentro de una cadena de nodos (equipos) representamos uno llamado X y queremos compartir una información Y en la red, una vez que compartimos esta información ya perdurará dentro de la red independientemente de que X siga activo o, dicho de otra forma, Y ha sido distribuido por los nodos restantes.

¿Qué tipo de contenido podemos encontrar en FN?

Al igual que en la red Tor, encontraremos elementos de diversas temáticas, desde páginas que nos ayuden a navegar, foros de preguntas o contenido aberrante e ilícito, pero tratar esto último en profundidad daría para la confección otro libro instructivo de aventuras en Internet.

1.4.2 I2P, el camino hacia lo invisible

I2P *(Invisible Internet Project)* es otro sistema en red diseñado para garantizar el anonimato del usuario.

Sí en Tor hablábamos de un funcionamiento multicapas tipo "cebolla", aquí hablamos de un diseño tipo "ajo" en donde no solo se envía un paquete a través de todas las capas (nodos) como ocurre en Tor, sino que cada uno de los mensajes enviados a través del circuido representa una parte (un diente de ajo) del mensaje original.

Otras diferencias sustanciales con respecto a Tor las podemos encontrar en las siguientes características.

▼ En Tor resulta necesario construir un circuito contra el equipo al que quiere conectase, mientras que en el caso de I2P el mismo túnel de salida sirve para enviar a todos los nodos.

▼ En Tor no todos los nodos retransmiten tráfico, algunos simplemente son de acceso, mientras que I2P descentraliza su base de datos para repartir la misma carga entre todos los nodos participantes.

▼ I2P tiene menos ancho de banda que Tor y está menos expandido entre los usuarios que buscan anonimato.

1.5 ÚLTIMA ADVERTENCIA

Con el fin de preservar la identidad de los autores e impedir que el contenido de origen restringido sea accesible y difundido de forma masiva, los archivos multimedia enumerados en el presente libro han sido cuidadosamente editados al objeto de suprimir toda referencia a nombres, direcciones físicas o direcciones web, así como también se ha procedido a censurar rostros y archivos de extrema violencia.

Dada la crudeza de cierto contenido acumulado en el proceso de investigación, el autor se ha reservado el derecho a publicar únicamente los ficheros que pueden hallarse de una forma extendida y que incluso, en la mayoría de los casos, ya figuran en la SW por otros investigadores.

El autor no se hace responsable del mal uso de la herramienta Tor o de la información publicada en esta obra; hagamos un uso moral y responsable de Internet, y sirva el presente trabajo para difundir un mensaje de advertencia sobre los delitos telemáticos aquí descritos.

Por último, agradecer la labor inconmensurable del GDT (Grupo de Delitos Telemáticos. Guardia Civil) y la BIT (Brigada de Investigación Tecnológica. Policía Nacional) por no bajar nunca la guardia en la lucha contra el material delictivo en las tecnologías de la información y de las comunicaciones.

Ahora que ya sabemos de la existencia del navegador Tor y conocemos el funcionamiento de la DW, cerraremos nuestro KIT de supervivencia para iniciar un viaje a pleno pulmón hacia las profundidades de Internet donde mora el Kraken 2.0.

2

COMENZANDO LA EXPLORACIÓN DE LA DEEP WEB

ZONA FÓTICA (0 - 1000 MS. DE PROFUNDIDAD)

Según la cartografía marina, la zona fótica es *la capa de agua comprendida entre la superficie del mar y la profundidad hasta dónde llega la luz* [6] y solo el 1 % de la luz que incide sobre la superficie del mar puede llegar en torno a los 700 ms.

Al igual que en los mares y océanos, en Internet encontramos una primera barrera parecida a la zona fótica; cuando nos acercamos a la orilla y mojamos los pies no solo conectamos con los elementos más habituales de este hábitat, sino que de vez en cuando la corriente nos devuelve algunos objetos atemporales e inconexos que han sido arrastrados por las fuertes tormentas; pero antes de enumerar esta suerte ooparts digitales, vamos a estudiar las corrientes que suelen empujarles hacia nosotros, los curiosos buceadores.

---

6   CSIC. Guía didáctica de luz en el mar. Recuperado de: https://elmarafons.icm.csic.es/wp-content/uploads/2018/04/gu%C3%ADa-did%C3%A1ctica-luz-en-el-mar_red.pdf

2.1 P2P Y TORRENTS. ESAS EXTRAÑAS FUERZAS SIMBIÓTICAS

Descargar una película de estreno totalmente gratis se ha vuelto algo rutinario y natural gracias a la piratería digital, hecho que resiente a la industria del entretenimiento de la cual dependen muchos puestos de trabajo; pero es inevitable, el ser humano se convirtió en pirata por defecto desde que salió el primer disco de música, intentando clonarlo o grabar en directo a sus artistas favoritos para producir falsificaciones, ni hablar cuando aparecieron los casetes y aún más en la era del CD/DVD. El surgimiento de la tecnología P2P, y más adelante BitTorrent, supuso el perfecto remate para facilitar la reproducción ilegal de material bajo la excusa de compartir datos, porque la información debe ser libre y un bien común, o eso se supone.

Cuando era aún más joven, entre amigos no podían faltar las conversaciones sobre LimeWire (2000) y Kazaa (2001), una revolución digital que permitía descargarse los discos de tus artistas favoritos sin coste alguno; luego vinieron otras aplicaciones ya legendarias como Emule y Ares (2002) que han perdurado hasta el día de hoy, y todas ellas respondían a una misma filosofía de file-sharing mediante el uso de un protocolo denominado P2P.

Comúnmente traducido como red de pares, P2P es una red de ordenadores donde cada equipo conectado representa un sistema cliente/servidor, facilitando así que el usuario pueda no solo descargar, sino también compartir información. La propia arquitectura de las redes P2P permiten optimizar el uso del ancho de banda de los equipos conectados aumentando las velocidades de transferencia de datos, hecho que favorece al desarrollo de actividades colectivas como por ejemplo investigaciones académicas que requieran procesar gran cantidad de datos.

Poco después del surgimiento de P2P nació el Torrent, un tipo de archivo que recoge información acerca de un fichero de destino, aunque no permita visualizar en primera instancia el contenido de dicho fichero. Detrás del Torrent se encuentra el protocolo BitTorrent cuyo funcionamiento distribuido se basa en fragmentar el fichero destino entre varios hosts, existiendo siempre un nodo generador principal denominado semilla; el fichero Torrent luego es esparcido por diversas páginas web y contiene todas las direcciones hacia los fragmentos para recomponer al completo aquello que pretende descargarse; una vez descargado el material, el equipo que ha obtenido la obra pasará a formar parte de la red de nodos en BitTorrent.

Todo esto puede resultar confuso en una primera lectura, así que vamos a asimilarlo con un ejemplo más mundano, aunque no por ello exento de fantasía.

Imaginemos que queremos adquirir un libro en una tienda de confianza (página web), pero el librero (semilla) nos advierte:

▼ *Hay que repararlo, solo tengo la tapa, permítame que haga un par de llamadas; usted quédese tranquilo, llévese su justificante de compra (archivo Torrent) y regrese más tarde (tiempo de descarga).*

Con cierta incertidumbre por como pueda quedar el libro reparado, pero a la vez con una extrema confianza en el librero, nos iremos a tomar un café mientras las tiendas colaboradoras (hosts) están obrando su magia para juntar las piezas (fragmentos) del libro que hacían falta; capítulo a capítulo se recompone la obra, y nos la entrega el librero en su total integridad (descarga), no sin antes advertirnos:

▼ *Este libro está sujeto a unos términos de uso colaborativos; hará usted una buena obra regalándolo a quien usted considere y cuando lo vea oportuno; pero recuerde, es un ejemplar valioso, así que por el bien común le aconsejo desmontarlo nuevamente y repartir sus fragmentos a gente de su confianza antes de entregarlo a un nuevo destinatario.*

Tal como nos advierte el librero, hay una filosofía detrás de las redes P2P y es que, sin caer en la obligatoriedad, se espera que todo usuario sirva como nuevo punto de redistribución. Podemos caer en la tentación de descargarnos la última película de Disney y estaríamos infringiendo así las normas de copyright, pero *¿y si lo que estamos descargando es contenido ilícito, ¿nos convierte esto en cómplices o en víctimas?*

Cuando iniciamos nuestra aplicación de Torrent u otro P2P, todo lo que hemos descargado se comienza a redistribuir instantáneamente entre pares, a no ser que se detenga la transferencia a mano o se modifique el comportamiento del software. A mi entender, ser víctima de material ilegal o artefactos maliciosos no es tan preocupante como convertirse en un cómplice por difusión. Si yo me descargo un malware que está camuflado en la película de Disney, ese malware lo estaría reenviando, por defecto, a otro equipo que puede ser aún más crítico que el PC de mi casa, y "hasta ahí llegó el daño", pero si hablamos de cierto contenido ilegal en formato de vídeo o imagen existen penas por posesión tipificadas en el Código Penal español.

Si algo está claro en torno a las redes P2P es que no se han extinguido y están más vigentes que nunca en todo tipo de actividades y propósitos, porque se nutren de los usuarios y a la vez estos las necesitan, produciéndose así una simbiosis difícil de diluir, más aún si hablamos sobre la distribución de material que se encuentra fuera de la ley y que procede de zonas aún por descubrir en nuestro particular tour.

2.2 CUANDO LOS RESTOS DE LAS PROFUNDIDADES SALEN A FLOTE

Acabamos de conocer uno de los mecanismos que más favorecen el reflote de archivos que no encontraríamos en una página web al uso, aunque también es cierto que hay casos aislados donde podremos hallar conglomerados de objetos recogidos por otros buceadores sin necesidad de pertenecer a una red; estudiaremos a continuación ambos casos, porque es el momento de acercarse a estos peculiares ooparts aún desde la orilla y observarlos de cerca.

2.2.1 La mazmorra de lo grotesco, un mítico buceador

La mazmorra de lo grotesco funcionó hasta el año 2017 en su formato de página web y como ha llovido desde entonces, hemos de recurrir al histórico de Internet Archive (WayBackMachine)[7] para obtener una imagen de este portal.

Figura 3. Captura de la página web www.lamazmorradelogrotesco.com.
http://web.archive.org/web/20160502190827/http://lamazmorradelogrotesco.com/.

Haciendo uso de Internet Archive podemos recuperar también las categorías de contenido que enumeraba la mazmorra de lo grotesco y la cantidad de entradas publicadas hasta la fecha del 02/05/2016:

---

7   Internet Archive. http://web.archive.org/

Categorías	Número de publicaciones
Accidentes	28
Alimentos selectos	21
Animales	32
Anomalías extrañas	16
Asesinos en serie (+18)	9
Autolesiones (+18)	5
Ciudadanos ejemplares	24
Cómo pasar una aburrida tarde de domingo	9
Cortos grotescos	9
Drogas	7
Ejecuciones brutales	28
El hombre más sexy del mundo	3
El increíble reto mazmorrero	3
Erótico	49
Esperpentos de la naturaleza	25
Gordofilia	2
Gore	49
Granos	6
Gusanitos	13
La Mazmorra de lo Grotesco	73
La mujer más sexy del mundo	6
Medicina	7
Merece la muerte	5
Mierda	6
Modificación corporal extrema	6
Noticias grotescas	19
Parajes con encanto	7
Películas de culto	23
Razones para comprarse una moto	4
Seres inteligentes	31
Sin categoría	18
Sociedad	55
Suicidios	26
Tecnología	7
Temazos ocultos	9
Torturas	4
Torturas horribles	9
Versionitis	6
Videoclips cutres	4
Videojuegos	9
¡Qué buena es la droga!	5

Vamos a mirar con detenimiento un par de ejemplos de publicaciones de la mazmorradelogrotesto.com, y para ello seleccionamos la categoría con mayor número de entradas luego de la genérica "La Mazmorra de lo Grotesco" que en este caso es "Sociedad", una categoría que a-priori poco o nada nos dice en comparación con aquellas que la rodean.

Si accedemos a la categoría "Sociedad" nos encontramos con sus últimas entradas:

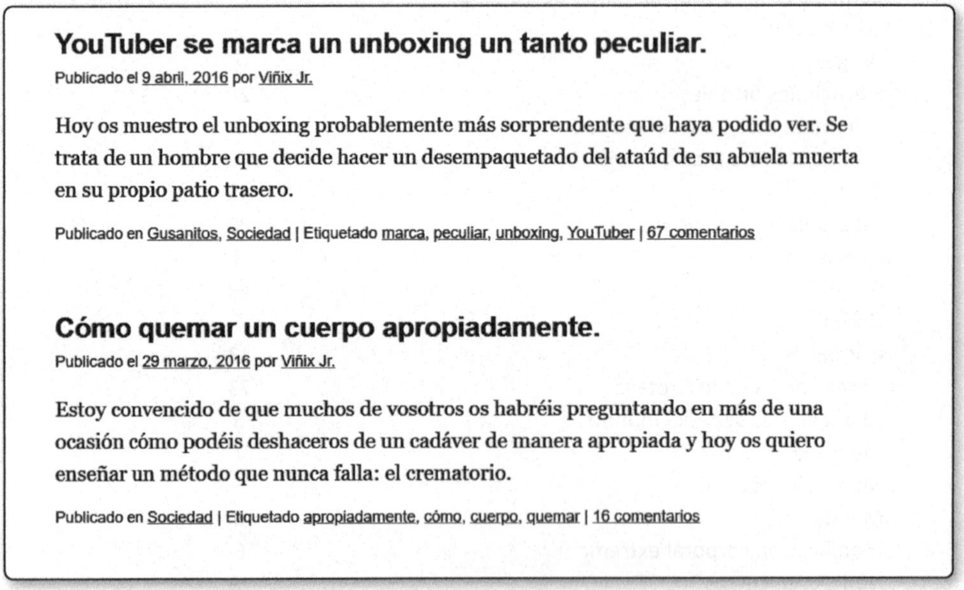

YouTuber se marca un unboxing un tanto peculiar.
Publicado el 9 abril, 2016 por Viñix Jr.

Hoy os muestro el unboxing probablemente más sorprendente que haya podido ver. Se trata de un hombre que decide hacer un desempaquetado del ataúd de su abuela muerta en su propio patio trasero.

Publicado en Gusanitos, Sociedad | Etiquetado marca, peculiar, unboxing, YouTuber | 67 comentarios

Cómo quemar un cuerpo apropiadamente.
Publicado el 29 marzo, 2016 por Viñix Jr.

Estoy convencido de que muchos de vosotros os habréis preguntando en más de una ocasión cómo podéis deshaceros de un cadáver de manera apropiada y hoy os quiero enseñar un método que nunca falla: el crematorio.

Publicado en Sociedad | Etiquetado apropiadamente, cómo, cuerpo, quemar | 16 comentarios

Figura 4. Captura de la página web www.lamazmorradelogrotesco.com.
http://web.archive.org/web/20160502190827/http://lamazmorradelogrotesco.com/.

Ante un contenido tan explícito sobran las palabras, y a pesar de que existen otras categorías que acarrean un mayor grado de sensibilidad, en este viaje no caben las inmersiones abruptas; iremos desgranando este tipo de material a lo largo del desarrollo del libro.

No olvidemos en ningún momento que lo que estamos viendo en estas capas superficiales de Internet es el reflote de una mínima parte del Kraken que habita en los rincones donde no llega la luz, reflote que en La Mazmorra se materializaba con suma constancia, en parte gracias a que se trataba de un portal colaborativo que siempre estaba en busca de nuevos buceadores y redactores que pudieran trasladar al público general los hallazgos hechos más allá de la orilla.

¿Qué pasó con La Mazmorra de lo Grotesco?

La misma pregunta se dejó caer sobre la mesa de Forocoches [8], un portal que ha ganado repercusión mediática en estos últimos años pero que sigue conservando su verdadera esencia. Lo cierto es que mucho se ha especulado sobre el cierre de la Mazmorra, algunos dicen que fue "hackeada", aunque está claro que dada la tipología de contenidos y el ámbito en que estaban publicados (SW) no ha de extrañarnos que fuese cerrada a golpe de orden judicial. Sea como fuere, el portal acabó mutando a una cuenta de Facebook[9], pero nada volvió a ser como antes.

2.2.2 Sad Satan

Siendo honesto no recuerdo como llegué a este videojuego, quizás de la mano de La Mazmorra o tal vez por medio de Taringa[10] en sus tiempos de gloria allá por el año 2006, hecho que no le ha restado ni un ápice de interés a pesar de todo el tiempo transcurrido desde entonces.

Sad Satan era ante todo un juego inmersivo en blanco y negro que invitaba a pasar de escenas salpicadas por la distorsión visual característica de aplicar "glitch", un efecto de ruido o desperfecto de imagen que es utilizado en el mundo de la edición de vídeo. Operativamente el juego era muy básico, solo se trataba de avanzar y dejarte llevar por ese mundo virtual que poco a poco revelaba curiosos murales y figuras en mitad del camino.

El videojuego explotaba muchos recursos sonoros para inquietar al jugador como por ejemplo gritos, grabaciones invertidas, grabaciones de radio, sonidos inconexos entre sí, e incluso una grabación de Hitler.

Una de las primeras apariciones públicas del videojuego fue tras su difusión en un canal de Youtube[11] llamado The Obscure Corner[12], propiciando la viralización para el año 2015, y es que con toda certeza nos encontramos ante un posible caso de intoxicación de información, de un falso elemento generado en la SW sin raíces más profundas.

———

8   Forocoches. https://www.forocoches.com/

9   Facebook. https://www.facebook.com/

10   Taringa. https://www.taringa.net/

11   Youtube. https://www.youtube.com/

12   The Obscure Corner.
     https://www.youtube.com/channel/UCAGyz9XuDNt9c4dJ4pchCpQ/videos

Pertenezca o no a la mitología de la DW, vamos a analizar las cenizas de Sad Satan.

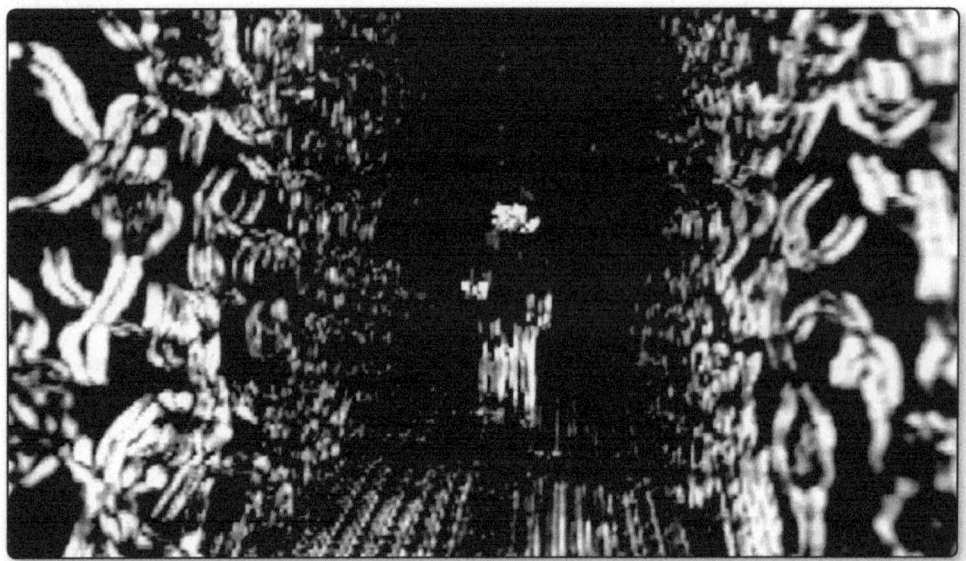

Figura 5. Escena de Sad Satan. http://proyectoidis.org/wp-content/
uploads/2015/07/childrenbeing-590x330.jpg

Por empezar, los ficheros ejecutables que guardo aún del videojuego tienen la siguiente apariencia:

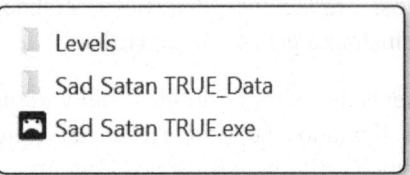

Como uno de los principales recursos que explota el videojuego es la exposición de imágenes subliminales e imágenes superpuestas, si accedemos al directorio \Sad Satan TRUE_Data\Images, nos encontramos con elementos gráficos tan dispares como una foto de J.F Kennedy, una imágen de "la justicia", y 3 fotografías de cuerpos sin vida que han sido decapitados bajo diferentes circunstancias:

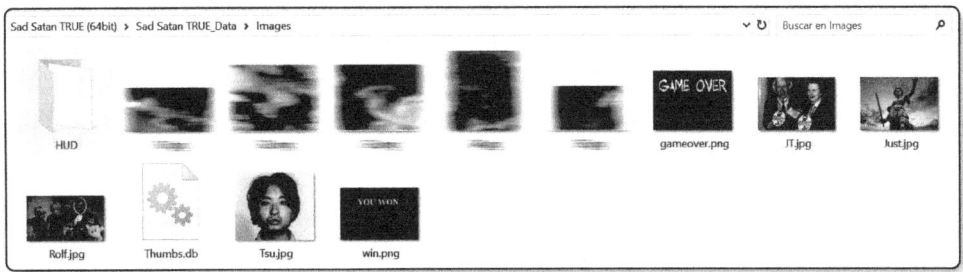

Figura 6. Captura de imágenes de Sad Satan. Fuente propia.

A pesar de los rumores difundidos sobre este juego, y como otros virales del género horror o de creepypasta, no representa ningún riesgo más allá del malware que pueda propagarse gracias a su difusión, para fortuna mía, el ejecutable que conservo está libre de malware gracias a la obtención de una de las primeras copias distribuidas sin contaminar.

2.2.3 El misterio "432"

Alojada desde hace varios años en la red Tor, el misterio "432" ha emergido a la superficie gracias a un puñado de curiosos buceadores que han sido capaces de capturarlo y exponerlo al público general.

Hasta donde tengo constancia, y tras varios encuentros con esta página, el sitio ha cambiado dos veces de dominio pudiendo subsistir inactivo en alguna ocasión. Como toda página de la red Tor, sus fuerzas impulsoras son inciertas, aunque en este caso bien podemos atestiguar como ha ido evolucionando y buscando, en cierta manera, la diseminación de su contenido.

Según el grupo anónimo que opera en la web (SW) hunabku.referata[13], una primera entrega de la página misteriosa "432" se ha manifestado bajo la siguiente apariencia.

---

13   Hunabku. http://432hunabku.referata.com/wiki/Main_Page

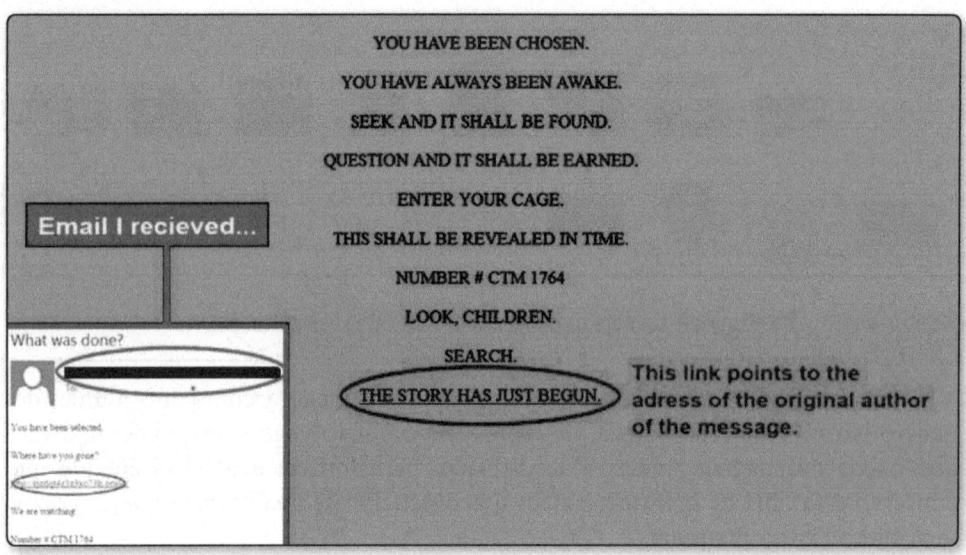

Figura 7. Captura de web "432" original. http://432hunabku.referata.com/wiki/File:1412648842058.jpg.

Si prestamos atención a la imagen observaremos que hay una superposición de un correo que supuestamente llego a unos de los autores de la página hunabku, avisándole que ha sido seleccionado para acceder a cierto contenido, tratándose de la página del misterio "432" aún por desarrollar.

A partir de aquí los creadores de hunabku aseguran haber recibido más correos misteriosos de los propietarios de la web "432".

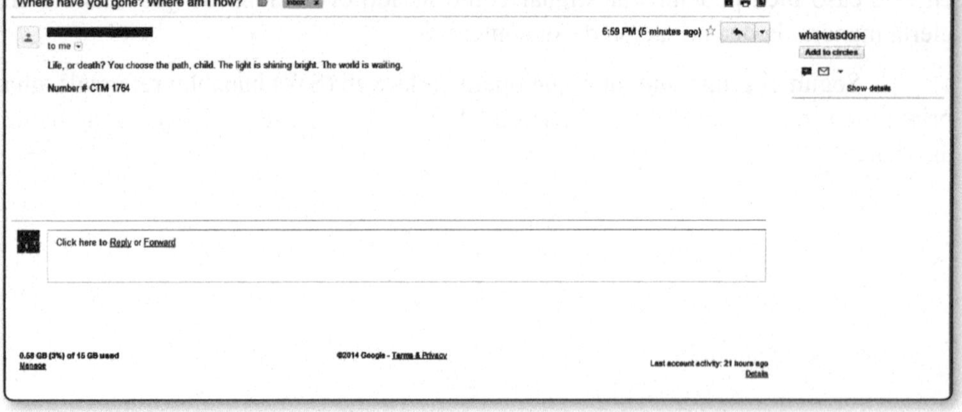

Figura 8. Primer hilo de mensaje del supuesto creador de "432". http://432hunabku. referata.com/w/images/FirstEmailSecondThread.png.

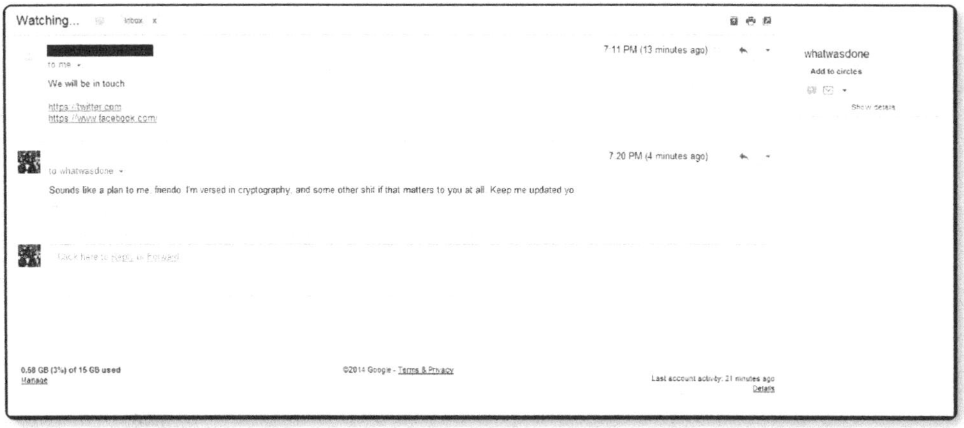

Watching...   Inbox   x

7:11 PM (13 minutes ago)   whatwasdone

to me

We will be in touch

https://twitter.com
https://www.facebook.com

7:20 PM (4 minutes ago)

to whatwasdone

Sounds like a plan to me, friendo. I'm versed in cryptography, and some other shit if that matters to you at all. Keep me updated yo

0.58 GB (3%) of 15 GB used   ©2014 Google - Terms & Privacy   Last account activity: 21 minutes ago

Figura 9. Segundo hilo de mensaje del supuesto creador de "432".
http://432hunabku.referata.com/wiki/File:FourthEmailSecondThread.png.

Paralelamente, la web ha ido evolucionando hasta contener los símbolos por los cuales es reconocida hoy en día en el ámbito del misterio. A continuación, se expone un par de ejemplos de mensajes crípticos.

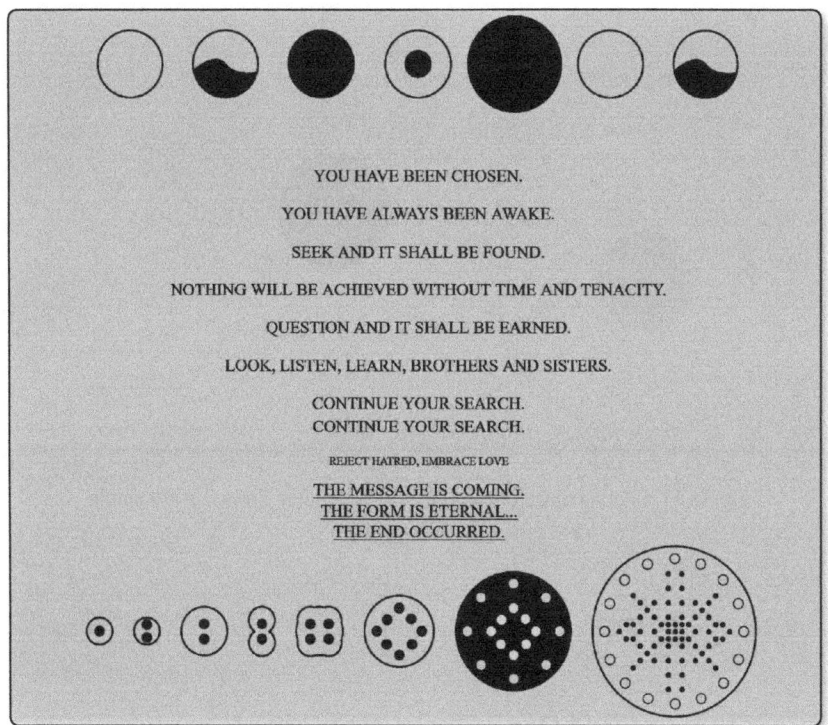

Figura 10. Capturas de símbolos de "432", primera parte. Fuente propia.

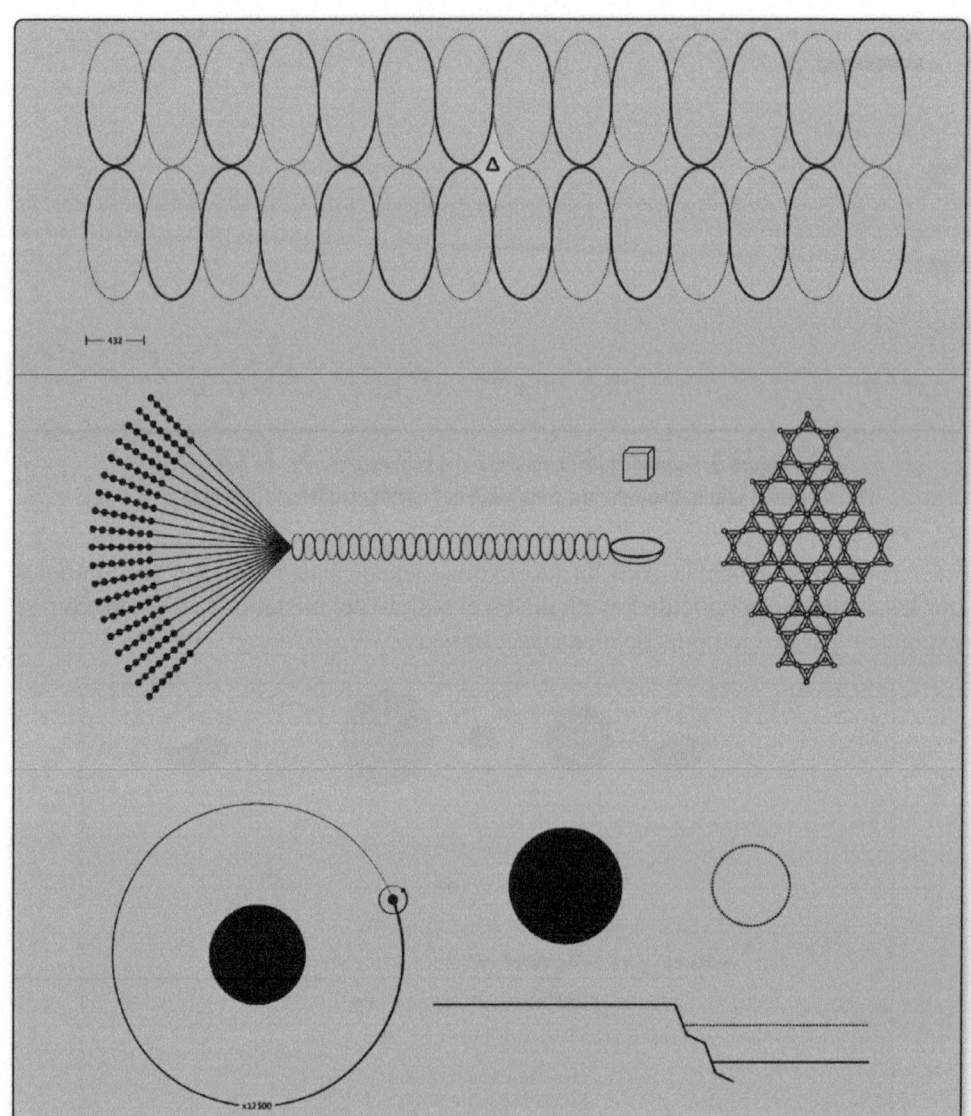

Figura 11. Capturas de símbolos de "432", segunda parte. Fuente propia.

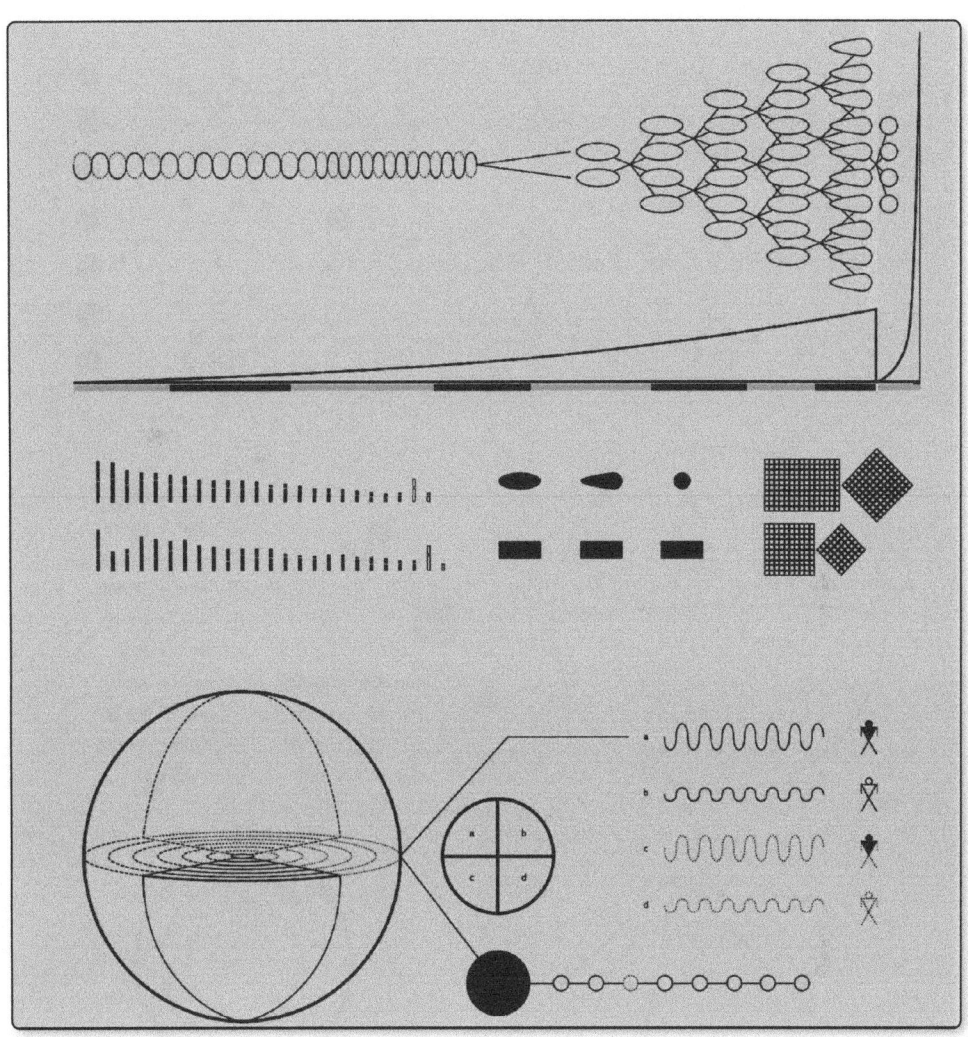

Figura 12. Capturas de símbolos de "432", tercera parte. Fuente propia.

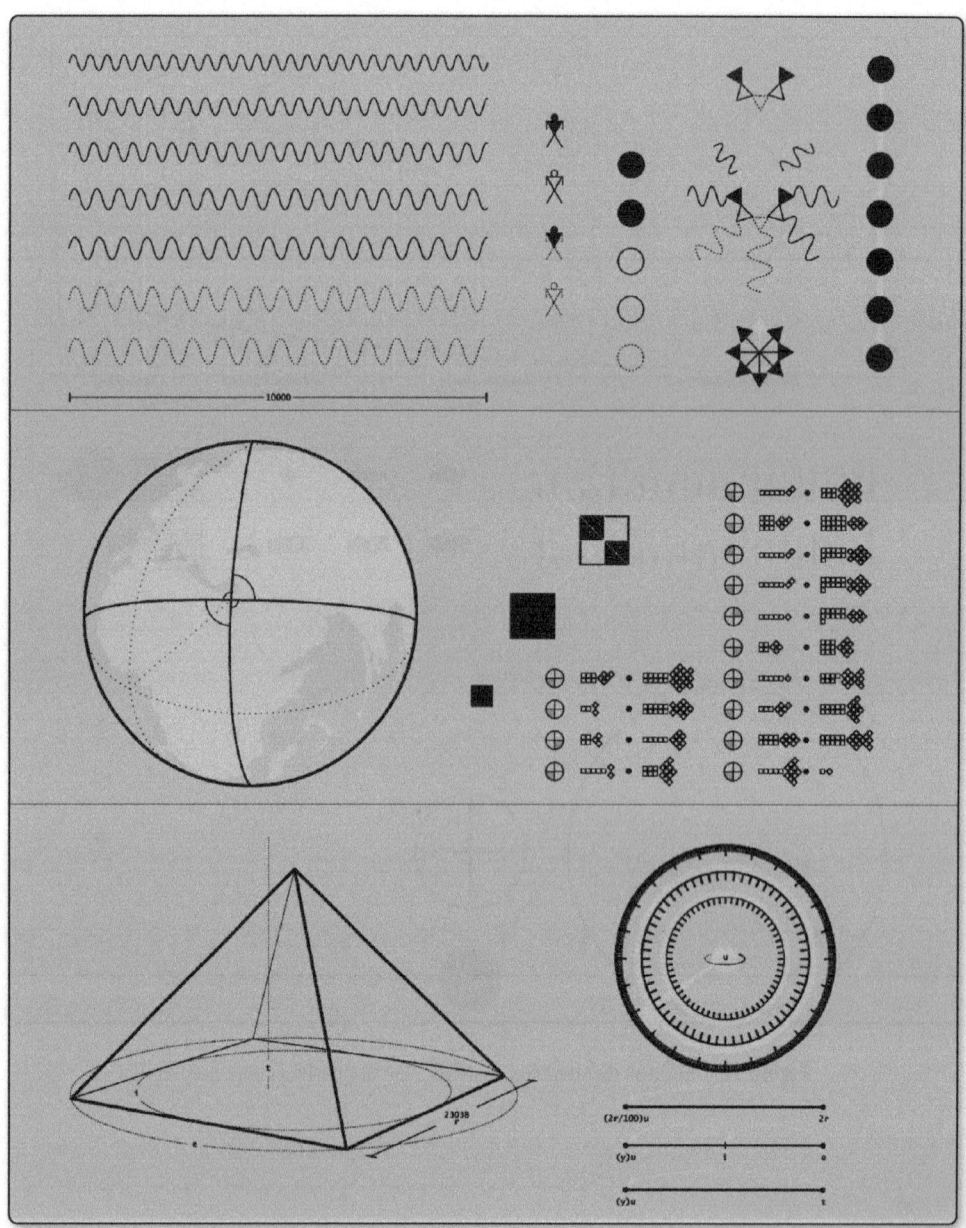

Figura 13. Capturas de símbolos de "432", cuarta parte. Fuente propia.

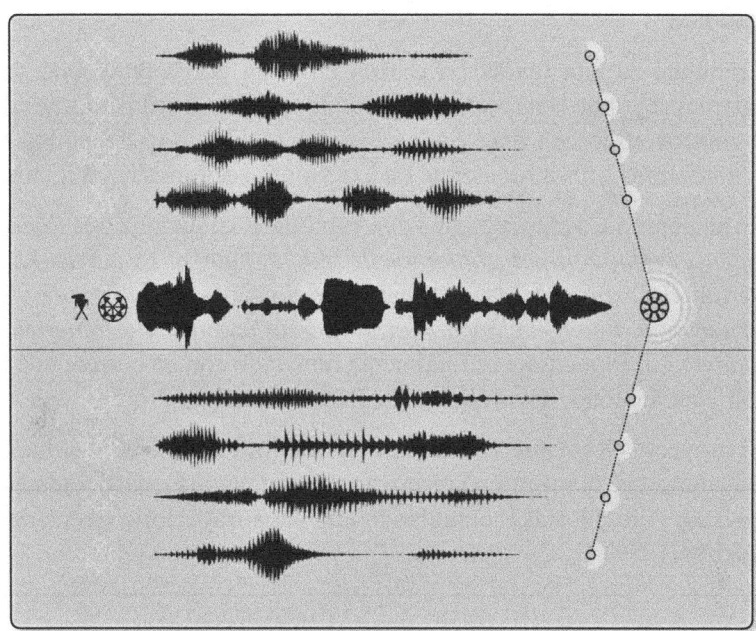

Figura 14. Capturas de símbolos de "432", quinta parte. Fuente propia.

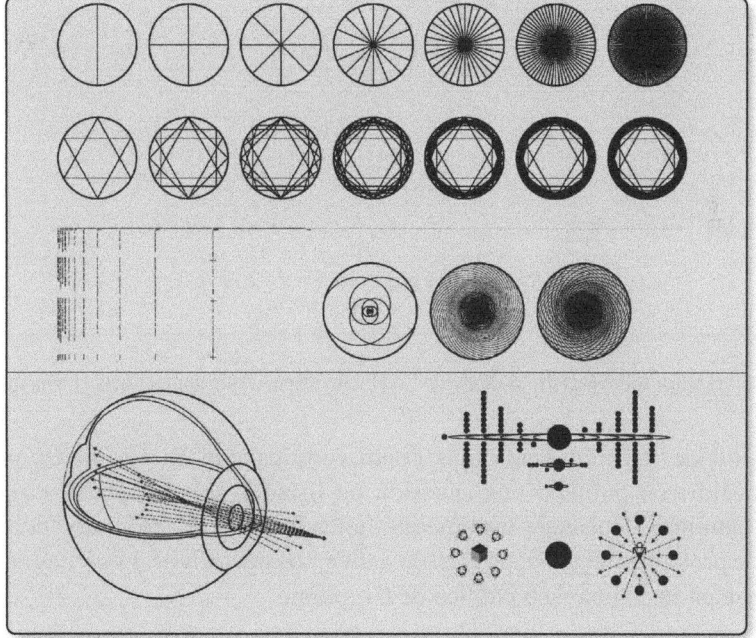

Figura 15. Captura de símbolos de "432", sexta parte. Fuente propia.

2.2.4 Cryptome

Cryptome es una fundación creada en 1996 por John Young y Deborah Natsios, patrocinada por Natsios-Young Architects. Según wikileaks se trata de un sitio web controvertido con base en los Estados Unidos y que funciona como un depósito de información sobre libertad de expresión, criptografía y vigilancia.[14]

En palabras de la propia página de Cryptome (…) se *agradece la publicación de documentos prohibidos por gobiernos de todo el mundo, en particular material sobre libertad de expresión, privacidad, criptología, tecnologías de doble uso, seguridad nacional, inteligencia y gobierno secreto (documentos abiertos, secretos y clasificados) (...).* El mensaje es finalmente rematado con un correo, una dirección de contacto y un teléfono, datos que no han sido transcritos.

El proyecto Cryptome cuenta con un dominio en la SW, y si hacemos una simple consulta sobre el mismo confirmamos que la página está alojada en Estados Unidos (Jacksonville, Florida) acumulando una larga trayectoria (fecha de creación datada en 25/06/1999):

Dates	7,604 days old Created on 1999-06-25 Expires on 2020-06-25 Updated on 2019-12-17
Name Servers	NS1.DNSBYCOMODO.NET (has 25,497 domains) NS2.DNSBYCOMODO.NET (has 25,497 domains)
Tech Contact	—
IP Address	209.17.116.160 - 40,470 other sites hosted on this server
IP Location	— Florida - Jacksonville - Web.com Inc.
ASN	AS55002 (registered Feb 12, 2013)

Figura 16. Captura sobre registro de dominio Cryptome. http://whois.domaintools.com/cryptome.org.

Uno de los momentos más controvertidos que ha vivido Cryptome fue cuando decidieron publicar una sucesión de listados sobre supuestos agentes del MI6 con nombres, fechas de nacimiento indicadas bajo el acrónimo "dob", y otras fechas que probablemente hagan alusión a diversos operativos. Las listas aún pueden encontrarse en la página web pública de Cryptome.

---

14   Wikileaks. https://wikileaks.org/wiki/Cryptome

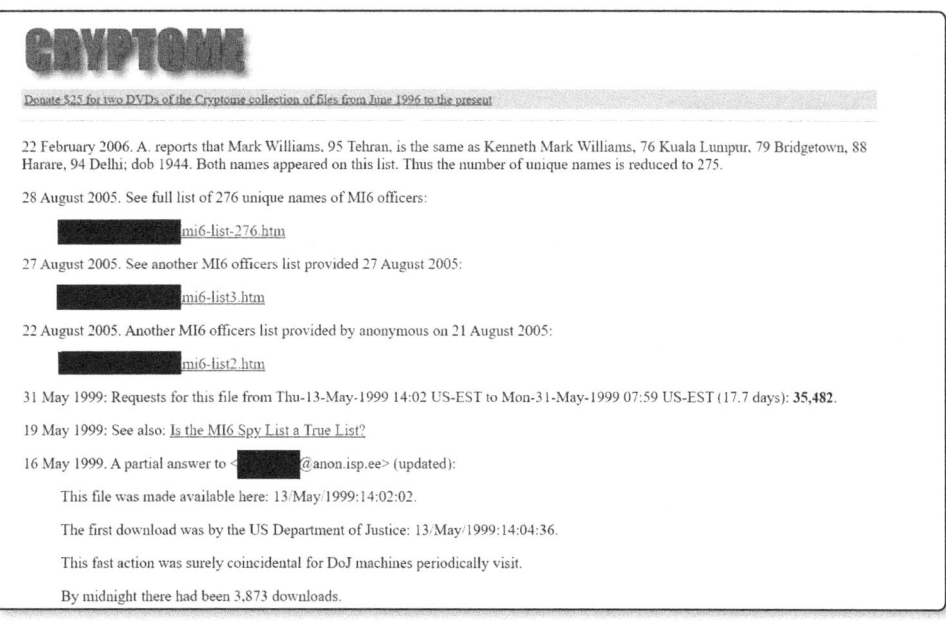

Figura 17. Captura del Cryptome sobre agentes del MI6. Fuente propia.

Figura 18. Captura del detalle de una lista sobre agentes del MI6. Fuente propia.

Vamos entonces a plasmar un par de instantáneas sobre Cryptome en la SW para hacernos una idea de la ingente cantidad de contenido publicado hasta la fecha.

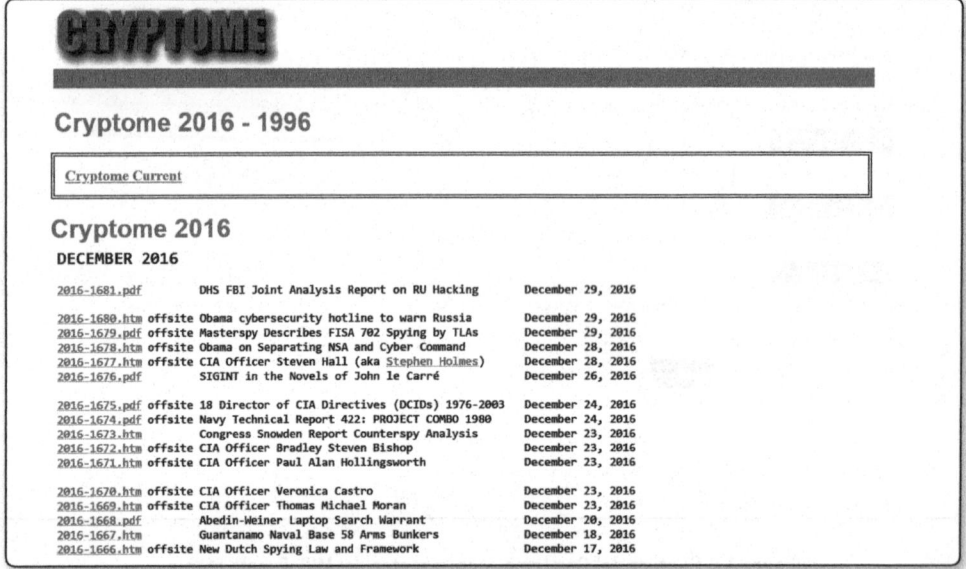

Figura 19. Captura de índice de contenido en Cryptome (SW). Fuente propia.

Si hiciésemos una imágen que contuviera todas las capturas de los documentos podríamos llegar a ilustrar un extenso libro especializado en este portal; con la intención de acercarnos aún más al volumen de datos contenido de la forma más concisa y ágil posible, abrimos el código fuente de la página y contamos las líneas; nótese que el listado está en sentido cronológico inverso, así que las últimas filas no solo nos devolverán un total aproximado de documentos, sino las primeras publicaciones compartidas que datan de principios de los años '90.

Figura 20. Captura del código fuente en Cryptome (SW). Fuente propia.

La siguiente instantánea que confirma el funcionamiento de Cryptome fue tomada en el año 2015 cuando el germen del presente libro se encontraba en una fase incipiente; para traer una vista actualizada se intentó acceder nuevamente al sitio web sin éxito alguno; probablemente ha sido modificado el dominio ".onion" y esto se debe a la volatilidad de las direcciones web en Tor.

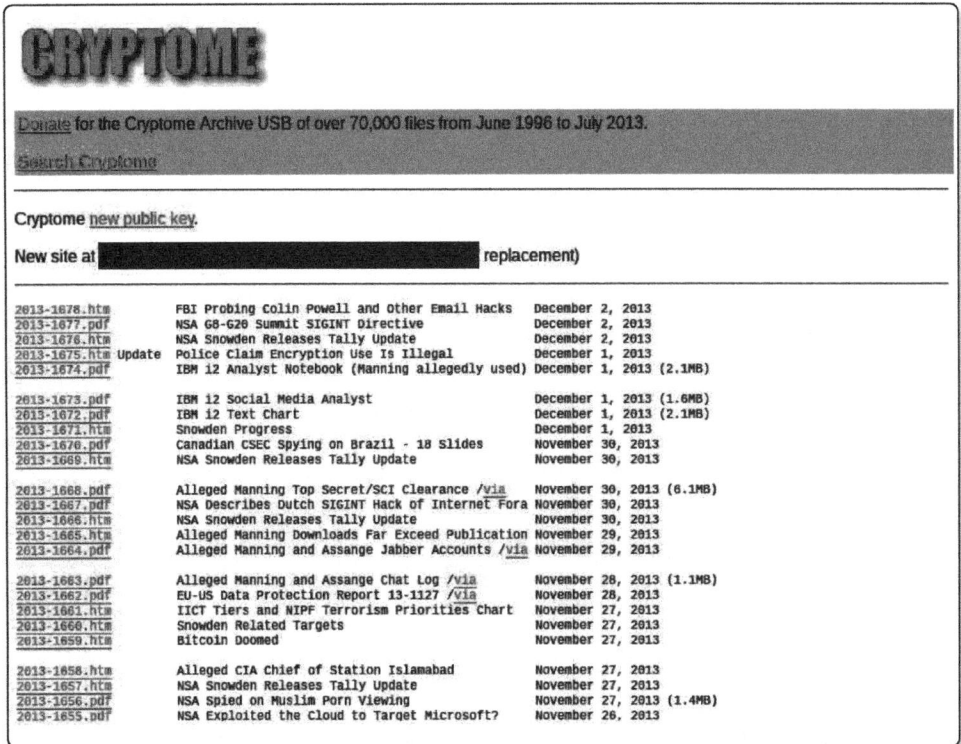

Figura 21. Captura de índice de contenido en Cryptome (DW). Fuente propia.

La confirmación sobre el surgimiento de Cryptome como página de DW sigue siendo difusa y compleja de calibrar, tal vez deberíamos consultárselo a sus creadores quienes al parecer siguen respondiendo a los mensajes enviados.

La confirmación sobre el surgimiento de Cryptome como página en la red Tor sigue siendo difusa y compleja de calibrar, tal vez deberíamos consultárselo a sus creadores quienes al parecer siguen respondiendo a los mensajes enviados. Sabiendo ahora que Cryptome es un vasto archivo de supuestas filtraciones que involucran al gobierno de Estados Unidos e Inglaterra (entre otros), y teniendo presente el caso Wikileaks y la auténtica caza de brujas que se ha llevado a cabo hacia Julian Assange, mucho me extrañaría que los responsables de Cryptome sigan rondando por los países objeto de sus revelaciones.

3

LLEGAMOS A LA ZONA INTERMEDIA DE LA DEEP WEB

ZONA BATIAL (1000 MS. - 4000 MS. DE PROFUNDIDAD)

La zona batial se corresponde a las profundidades de alta mar, el hábitat de una escasa fauna que nada libremente pero que nunca se aproximan a la superficie; Las condiciones que caracterizan a esta área hace que sus habitantes deben recurrir al único alimento existente, la depredación de otros organismos.

En esta etapa de inmersión hacia la Internet profunda nos encontraremos con ejemplares que se mantienen en las capas más bajas y es donde deben permanecer, pues sus existencias o degradaciones serán esenciales para asegurar la escasa vida que encontraremos en los siguientes niveles.

Procedamos entonces a capturar y a catalogar aquellos ejemplares que ilustran esta zona batial.

3.1 COMO GUIARSE EN LA OSCURIDAD

Ya de espaldas a la luz podemos apreciar los últimos coletazos de normalidad, de situaciones que no nos resultan tan ajenas como podríamos presuponer.

Desde hace años tenemos las necesidades básicas cubiertas como consumidores de Internet y acudimos a los buscadores o indexadores para hacernos facilitar la navegación y buscar cualquier tipo de contenido que sea de nuestro interés, pero *¿existe algo similar en Tor? ¿hay una Wikipedia*[15]*? ¿contamos con un servicio de correos?, etc.*

3.1.1 Torch, AHMIA y DarkSearch

Desde el 2015 hasta la fecha se han ido sucediendo intentos mejorados por indexar los dominios de Internet profunda, pero con los conocimientos adquiridos en el curso rápido de buceo podemos hacernos una idea de porque no resulta tan trivial esta labor.

Uno de los buscadores más utilizados en la red Tor se llama Torch[16], que a pesar de su aspecto tosco presume haber indexado más de un millón de páginas ".onion".

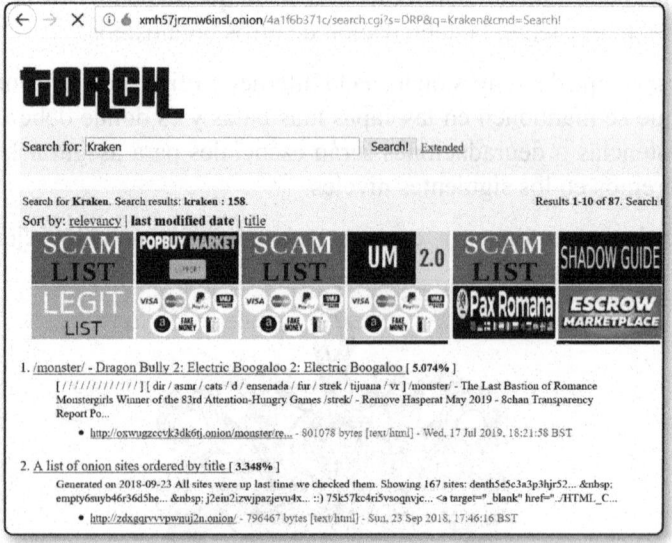

Figura 22. Captura de Torch. Fuente propia.

---

15   Wikipedia. https://es.wikipedia.org/

16   Torch. http://xmh57jrzrnw6insl.onion/

Otro indexador interesante es AHMIA y cuenta con una versión clónica que nos permite realizar búsquedas en DW[17] desde la SW[18].

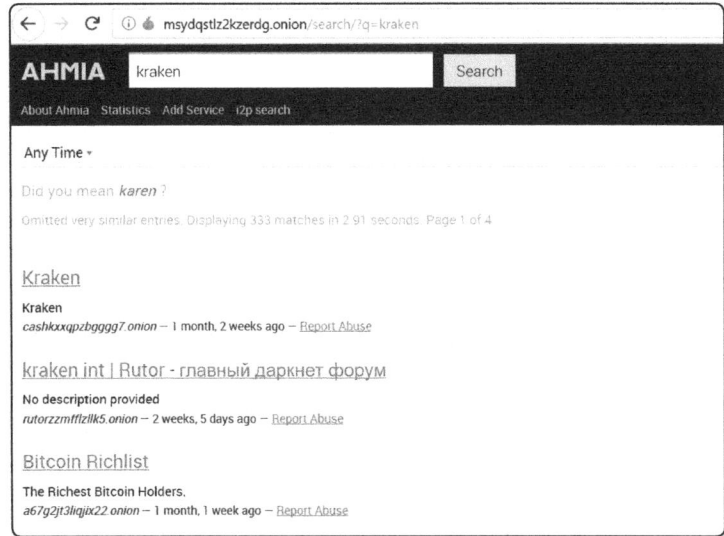

Figura 23. Captura de AHMIA en DW. Fuente propia.

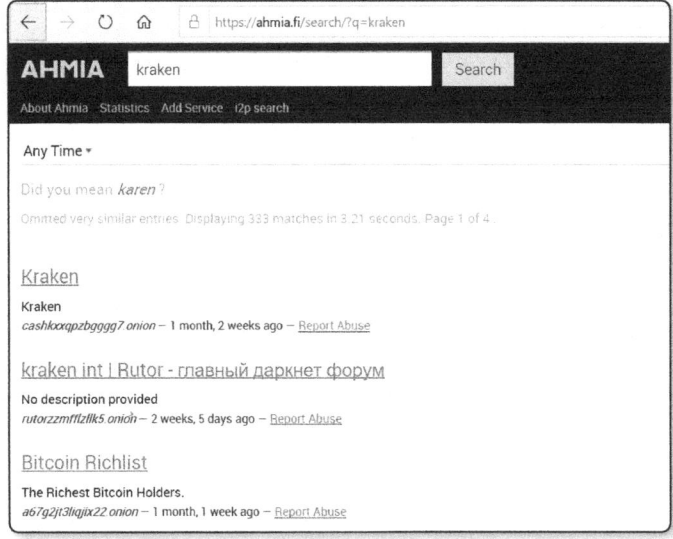

Figura 24. Captura de AHMIA en SW. Fuente propia.

---

17   AHMIA (DW). http://msydqstlz2kzerdg.onion/

18   AHMIA (SW). https://ahmia.fi/

Para realizar consultas masivas sobre dominios ".onion" existen proyectos como DarkSearch[19] que permiten lanzar peticiones contra su base de datos, aunque con una cantidad de consultas por minuto limitadas[20].

3.1.2 HiddenWiki

Si eres de los que necesita una Wiki para poder nutrirte de nuevo conocimiento, la HidenWiki[21] siempre estuvo allí para aportarnos claves sobre la DW.

Al igual que sucede con la Wikipedia, HiddenWiki es un proyecto colaborativo y así se expresa en su apartado "Volunteer TODO". (Figura 26)

Sobre el concepto HiddenWiki resta comentar que ha existido una proliferación poco relevante de falsificaciones, hoy por hoy discontinuadas, y de portales que intentan arrojar sus propios índices como es el caso de "Skunk[22]" que incluso permite consultar su contenido en formato json.

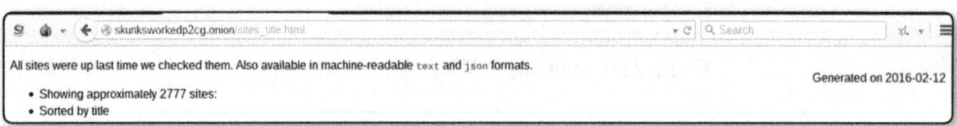

Figura 25. Captura de "Skunk". Fuente propia.

Si realmente existe una verdadera HiddenWiki que haya permanecido invariante y disponible durante todos estos años, es la enmarcada en la siguiente imagen.

---

19   DarkSearch. https://darksearch.io/

20   Nota de actualización sobre el servicio Dark Search: a pesar de haberlo utilizado con éxito, ha dejado de prestar servicio en torno al año 2022.

21   HiddenWiki. http://wikitjerrta4qgz4.onion/

22   Skunk. http://skunksworkedp2cg.onion/

wikitjerrta4qgz4.onion

The Hidden Wiki

The Hidden Wiki

Hidden Wiki - Tor Wiki - Onion Links Directory

Welcome to the new Hidden Wiki, your Deep Web url list. Partly moderated and without spam links, now located at easy to remember url:

Editor's picks [edit]

Bored? Pick a random page from the article index and replace one of the five slots with it.

1. TORLINKS Directory for .onion sites, moderated.
2. OnionWallet - Anonymous Bitcoin Wallet and Bitcoin Laundry.
3. EasyCoin - Bitcoin Wallet with free Bitcoin Mixer.
4. Bitcoin mixing guide - Mixing/Cleaning bitcoins before using them on Silkroad.

Volunteer TODO [edit]

Bored? Here are five random things to help out with

1. Plunder other hidden service lists for links and place them here
2. File the SnapBBSIndex links wherever they go.
3. Set external links to HTTPS where available, good certificate, and same content.
4. Care to start recording onionland's history? Check out Onionland's Museum.
5. Perform Dead Services Duties.

Introduction Points [edit]

OnionLand link indexes and search engines

- Ahmia.fi - Clearnet search engine for Tor Hidden Services (allows you to add new sites to its database)

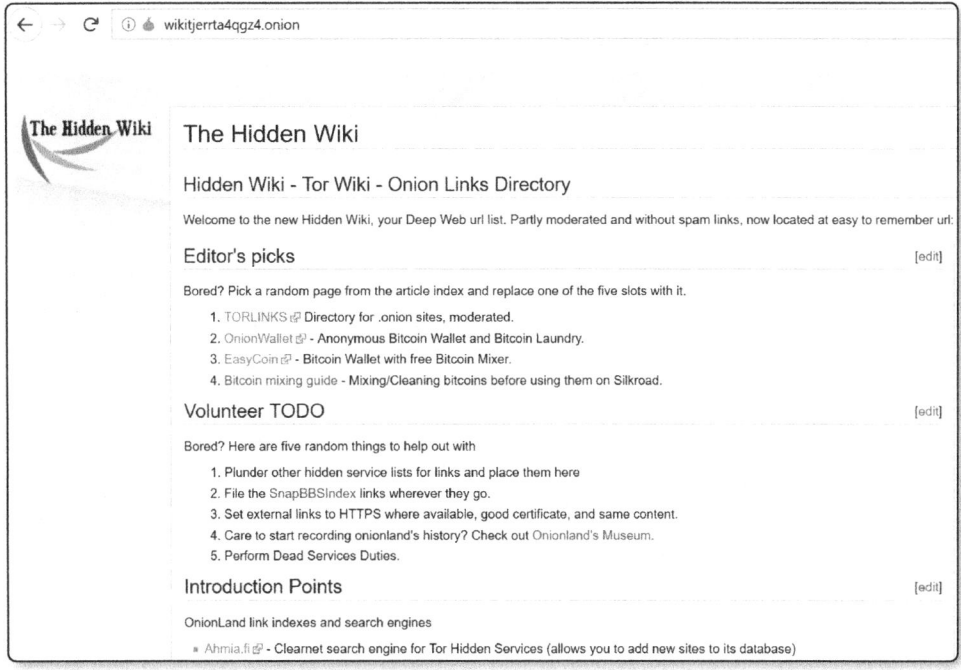

Figura 26. Captura de HiddenWiki. Fuente propia.

Por curiosidad, y al hilo de la anterior sección, HiddenWiki nos presenta en el apartado "Introduction Points" una sucesión de buscadores para la red Tor incluyendolos ya mencionados Torch, AHMIA y DarkSearch.

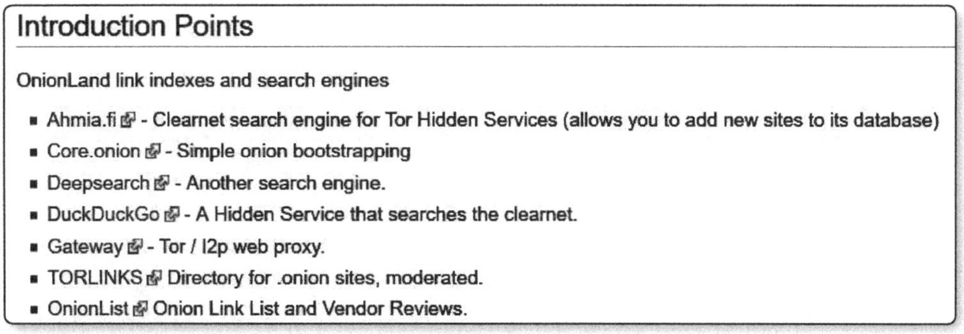

Introduction Points

OnionLand link indexes and search engines

- Ahmia.fi - Clearnet search engine for Tor Hidden Services (allows you to add new sites to its database)
- Core.onion - Simple onion bootstrapping
- Deepsearch - Another search engine.
- DuckDuckGo - A Hidden Service that searches the clearnet.
- Gateway - Tor / I2p web proxy.
- TORLINKS Directory for .onion sites, moderated.
- OnionList Onion Link List and Vendor Reviews.

Figura 27. Captura de HiddenWiki Introduction Points. Fuente propia.

Otra fuente de información y recopilación complementaria a la HiddenWiki es TorLinks[23], aunque en una reciente tarea de verificación se ha podido notar que muchos de sus links han dejado de funcionar y por tanto se encuentra desactualizada.

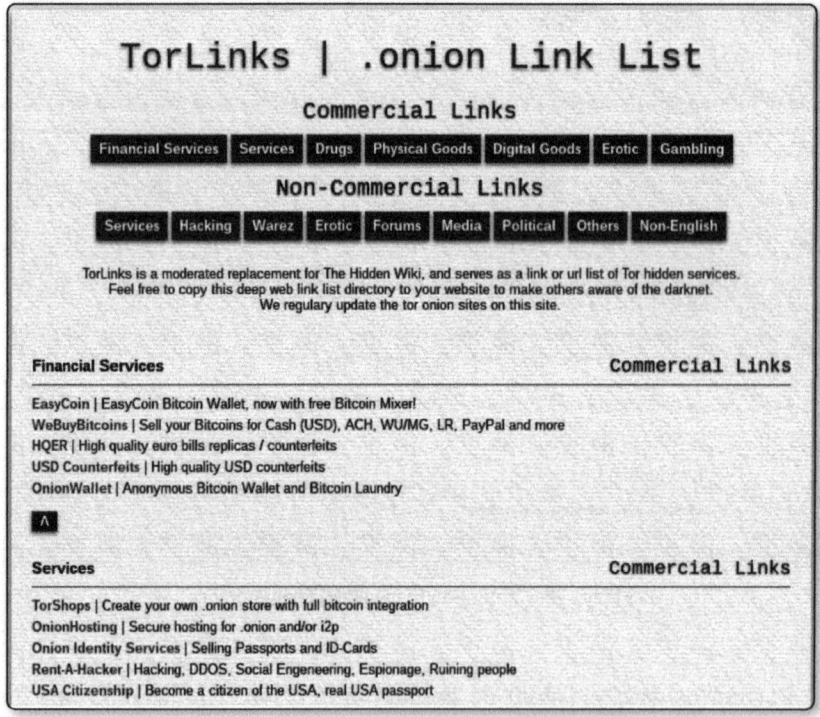

Figura 28. Captura de TorLinks. Fuente propia.

3.1.3 Hosting y creación de webs

Si quisiéramos tener una página web en Tor, o bien creamos nosotros un nodo y publicamos la página, o la alojamos en un servicio de pago; para ambos casos se sigue una lógica parecida a publicar una página en la SW, esto es, proveedor externo vs proveernos nosotros mismos, todo dependerá del conocimiento técnico que acumulemos a nuestra espalda.

En el caso de un usuario medio lo más normal sería recurrir a contratar un espacio (Hosting) para alojar nuestra página web, y hora que tenemos nuevas herramientas en nuestro Kit, vamos a utilizar AHMIA para buscar servicios de Hosting en la DW.

---

23   TorLinks. http://torlinkbgs6aabns.onion/

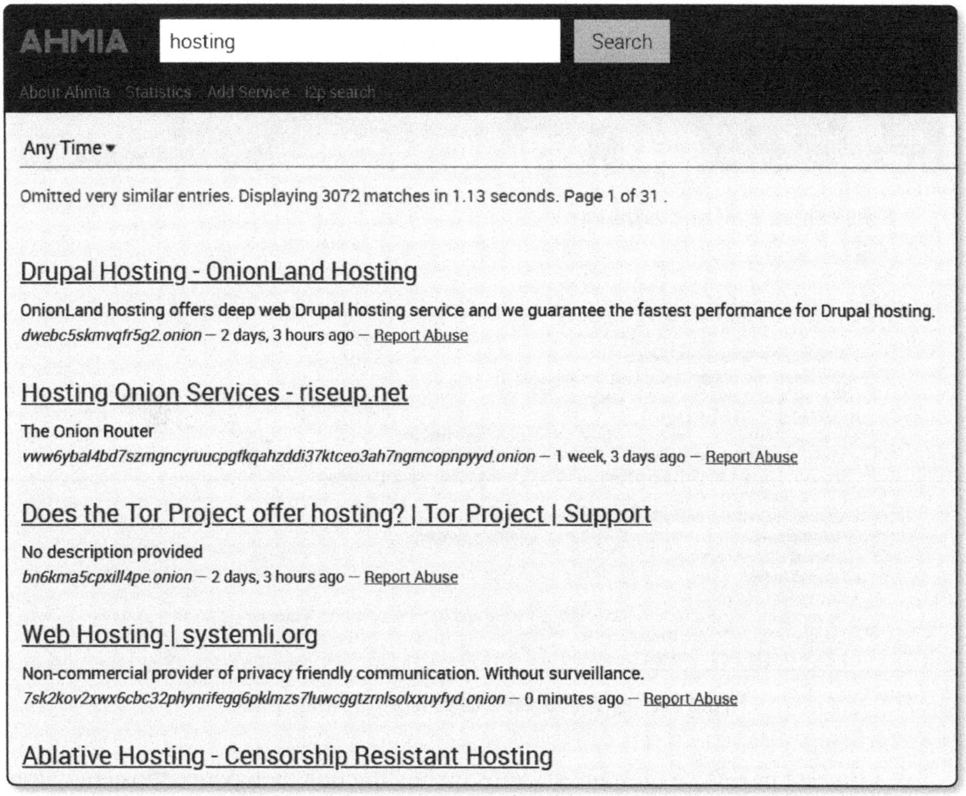

Figura 29. Captura de búsqueda en AHMIA. Fuente propia.

No hay que ser adivino para deducir que nos encontramos ante una clase de servicio muy demandado, pero no todo es oro lo que reluce en la red Tor, pues la mayoría de los enlaces que encontremos seguramente nos exigirán un pago previo y a cambio no recibiremos nada; esta capa de Internet exuda pillaje por todos sus poros.

¿Cómo nos fiamos entonces de los contenidos publicados por los indexadores? La respuesta es sencilla: lo mismo que en la SW, en base recomendaciones; no olvidemos que la red Tor "vive" de la difusión por medio del boca a boca; aparcamos momentáneamente el aspecto de la fiabilidad y vamos a repasar algunos casos usuales de Hosting.

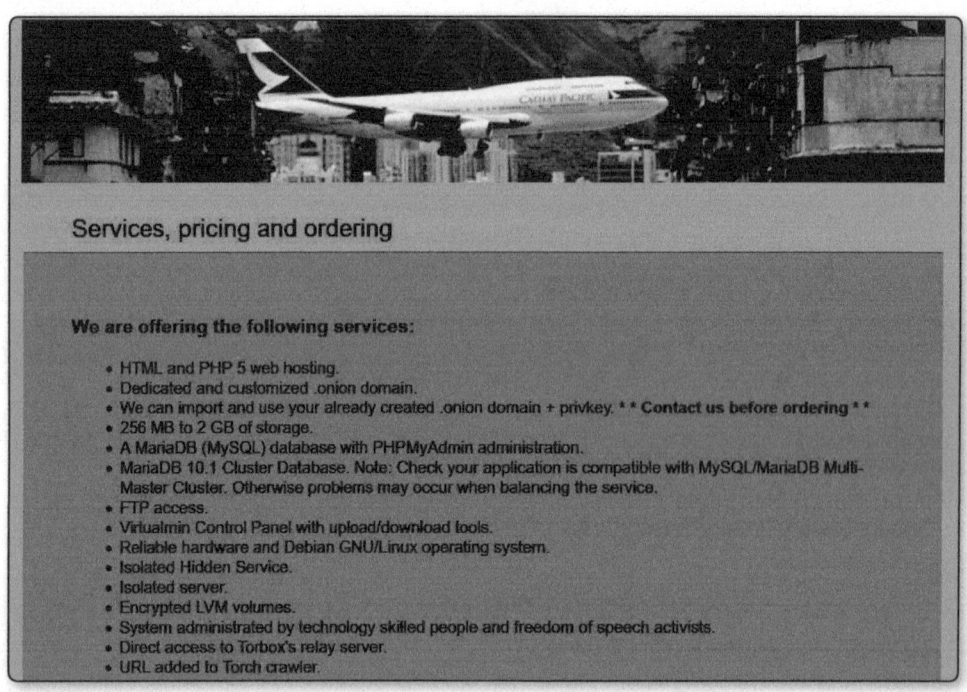

Figura 30. Captura de servicios de hosting. Fuente propia.

En esta página se ofertan servicios de hosting que bien podríamos encontrar en la SW, aunque bajo mínimas prestaciones, con un almacenamiento muy limitado y la capacidad de generar o importar un dominio ".onion". Un ítem que resulta cuanto menos curioso es la prestación de servicio por parte de técnicos y activistas.

Vamos a listar ahora los precios para hacernos una idea del coste.

PLAN NAME	STORAGE	PERIOD	PRICE
ORDERA1	256 MB	1 Month	0.04 0.032 0.0103 0.0032 BTC
ORDERA6	256 MB	6 Months	0.20 0.16 0.0514 0.0160 BTC
ORDERB1	1 GB	1 Month	0.08 0.064 0.0206 0.0064 BTC
ORDERB6	1 GB	6 Months	0.45 0.36 0.1157 0.0360 BTC
ORDERC1	2 GB	1 Month	0.15 0.12 0.0386 0.0120 BTC
ORDERC6	2 GB	6 Months	0.80 0.64 0.2057 0.0640 BTC

Figura 31. Captura de precios por servicios de hosting. Fuente propia.

Partiendo de una conversión realizada a fecha del 21/04/2020, los precios en Euros quedarían de la siguiente manera:

Nombre del Plan	Almacenamiento	Periodo	Precio
ORDERA1	256 MB	1 Mes	20.62 €
ORDERA6	256 MB	6 Meses	103.11 €
ORDERB1	1 GB	1 Mes	41.24 €
ORDERB6	1 GB	6 Meses	231.99 €
ORDERC1	2 GB	1 Mes	77.33 €
ORDERC6	2 GB	6 Meses	412.42 €

Los anteriores son unos precios de verdadero escándalo si los comparásemos con la SW, pero como estos servicios se refugian en el anonimato y por tanto nadie responderá ante los mismos, cada cual puede poner los precios que crea oportunos por más abusivos que estos resulten, y otra cosa más… olvidémonos de toda cobertura post-venta, en la red Tor escasea aquello que conocemos como garantía.

Veamos ahora otro ejemplo conocido que presenta un aspecto más profesional.

Figura 32. Captura de servicio de hosting. Fuente propia.

Aquí ya disponemos de un servicio con mayor sentido común, aportando un panel de gestión que permite desplegar un CMS, dominio ".onion" gratuito, soporte 24/7, y todo desde 9.95 $/mes; remarcamos el uso de dólares como método de pago porque este detalle otorga una sensación de transparencia al no esconder sus números tras Bitcoin.

En un último caso, totalmente opuesto al anterior, encontramos una página de servicios de Hosting que no provee de información más allá de su precio mínimo por mes, y la aceptación de cualquier tipo de uso que pueda darle el cliente.

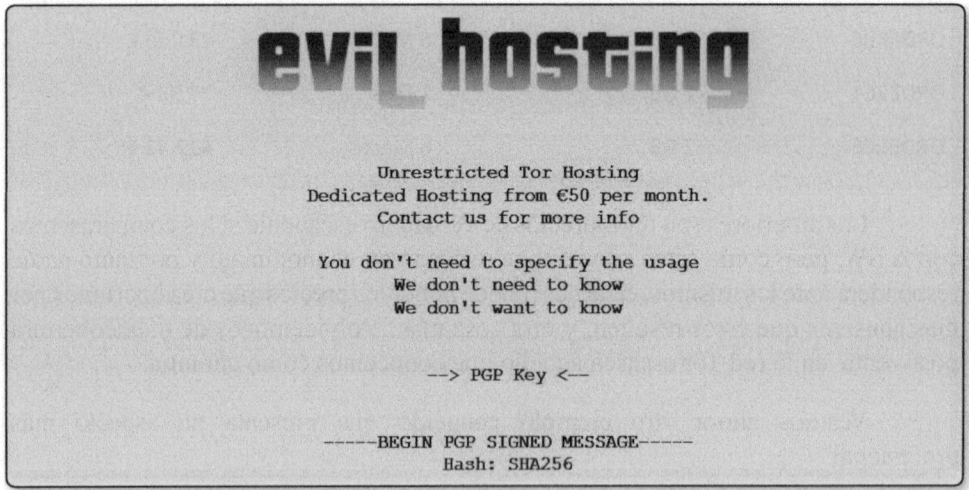

Figura 33. Captura de EvilHosting. Fuente propia.

Con todo ello, y sabiendo que cuando contratamos un Hosting estamos delegando la custodia de información al proveedor, las páginas que sirven como punto de unión o intercambio de material sensible se hallan alojadas en nodos privados de Tor para asegurar el control total de las mismas y no generar dependencias innecesarias con terceros.

Para concluir este apartado, y en relación a la adquisición de dominios, contamos con otro abanico de páginas que se enfocan en captar clientes con el motivo de registros ".onion", aunque en el catálogo luego mencionen la capacidad de crear páginas básicas en HTML para vender en SilkRoad, término que hace alusión a un entorno más profundo de la DW y que abordaremos en el capítulo cuarto: zona abisal.

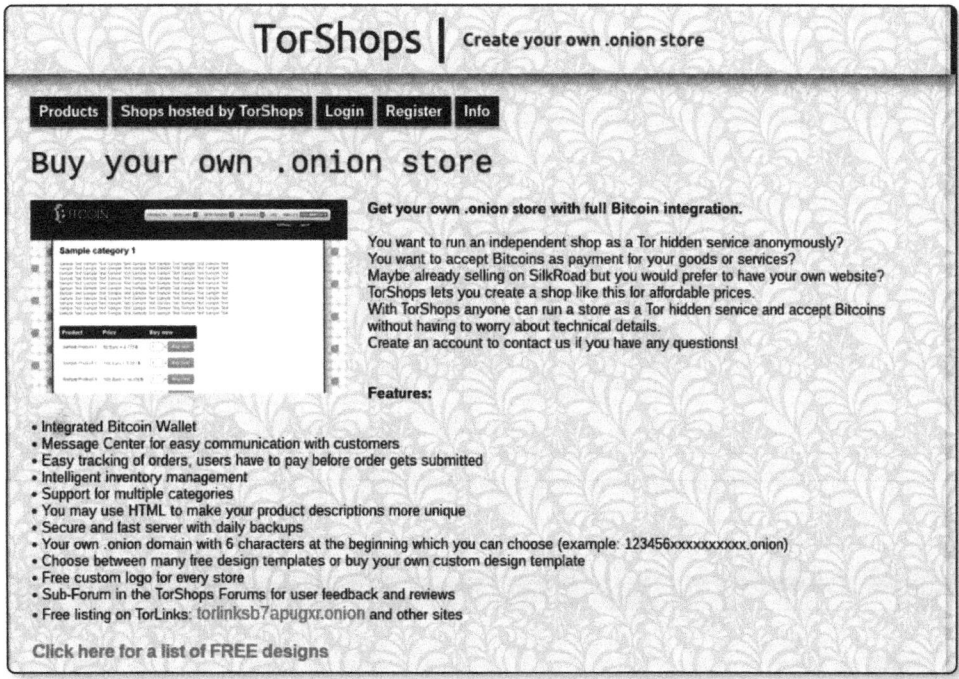

Figura 34. Captura de tienda de dominios. Fuente propia.

3.1.4 Cuentas de correos

Cuando navegamos por la red Tor y nos encontramos ante la necesidad de inscribirnos a un foro, establecer una comunicación, adquirir o compartir material, necesitaremos hacerlo mediante una cuenta de correos que funcione dentro de esta capa de Internet.

Como queremos estar en sintonía con nuestro entorno vamos a darnos de alta en el cliente de mensajería por defecto, TorBox[24]. En TorBox aplicaremos la misma lógica que en cualquier medio de mensajería que conozcamos, esto es, primero darse de alta (Sign up) y luego acceder al servicio (Login).

---

24 TorBox. http://torbox3uiot6wchz.onion

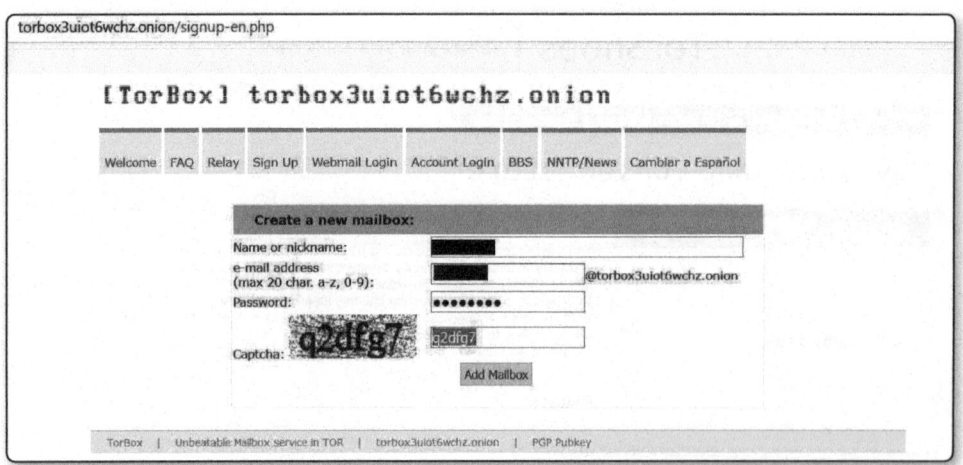

Figura 35. Captura de sign up en TorBox. Fuente propia.

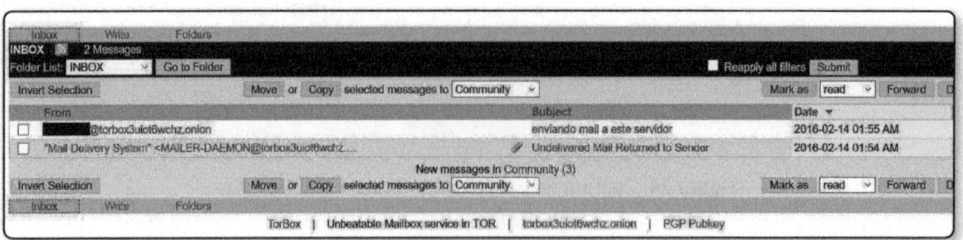

Figura 36. Captura de login en TorBox. Fuente propia.

Si queremos enviar un correo desde TorBox hacia fuera de la red Tor nos encontraremos con un mensaje de error, recordándonos que en estos niveles de profundidad las comunicaciones tienen sus propias normas.

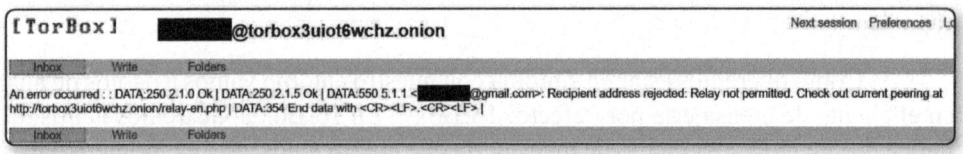

Figura 37. Captura de envío en TorBox. Fuente propia.

3.2 COMUNICACIONES A NINGUNA PARTE

Y hablando de comunicaciones a ninguna parte *¿qué resta por añadir sobre la interacción persona a persona en la red Tor? ¿existen chats o foros donde podamos compartir conocimientos o un simple momento de soledad?*

Una vez más la respuesta es sí. Las necesidades de la SW también son necesidades en la DW, o como diría un antiguo libro de misticismo *"Como es arriba es abajo; como es abajo es arriba"*.[25]

3.2.1 Confesionarios

Entendemos por confesionarios a aquellas páginas que, sin necesidad de réplicas o intercambios de mensaje, acumulan frases variopintas de diversas personas. La imagen que veremos a continuación pertenece a uno de estos confesionarios, en este caso fue captada en el año 2015 y hoy se encuentra inaccesible.

Podemos leer en este ejemplo confesiones tan dispares como *"Perdóname padre, porque he pecado"* o *"Me gusta herir y torturar a la gente…"*

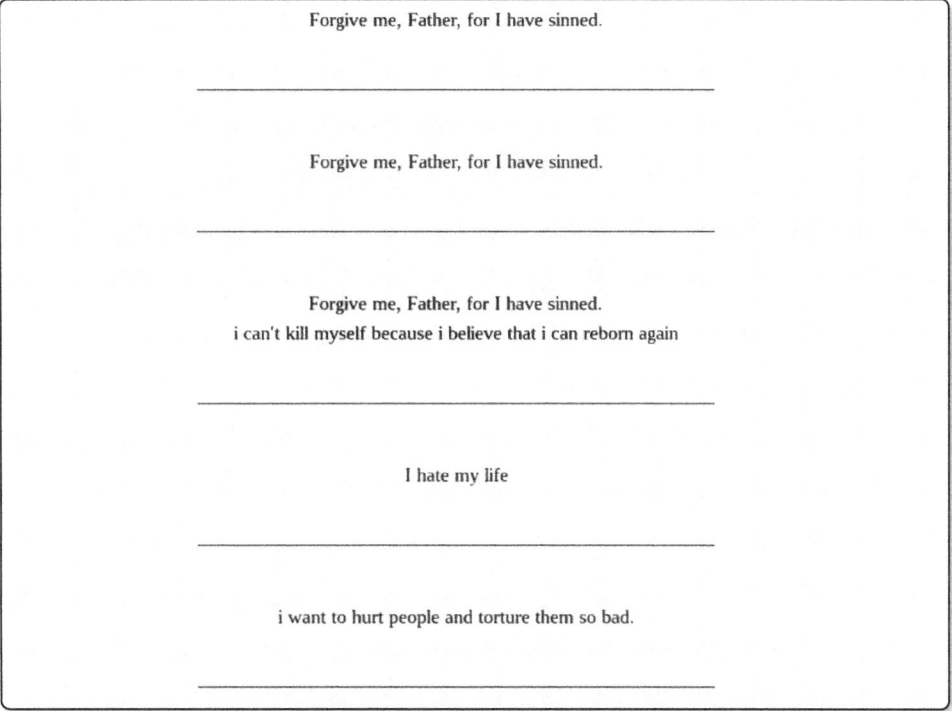

Figura 38. Captura del confesionario. Fuente propia.

25 Tres Iniciados. Editorial Yung. 2005. Kybalión. (p. 61)

3.2.2 Chateando con desconocidos

Uno de los chats anónimo que ha sobrevivido al paso de los años es el *Talk to John Doe* y se caracteriza por generar salas con un usuario aleatorio; hasta donde llega mi conocimiento no funciona con bots, y permite guardar el registro de la conversación.

Figura 39. Captura del chat anónimo *Talk to John Doe*. Fuente propia.

El siguiente es un extracto de una conversación mantenida con un usuario anónimo, un chat vertiginoso donde cada cual busca obtener información o vender sus propios productos; la conversación pasa de un plano habitual a una situación compleja en tan solo dos minutos, y resulta necesario advertir la dureza del siguiente contenido.

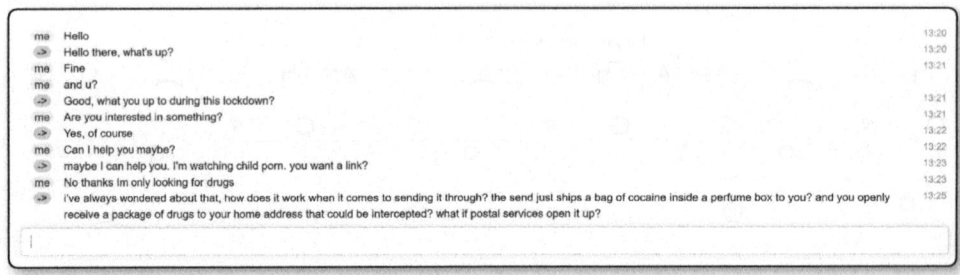

Figura 40. Captura de conversación en chat anónimo "Talk to Doe". Fuente propia.

Para quienes no hablen inglés, la conversación se inició con unas simples preguntas de cortesía hasta que forzamos por nuestra parte (me) que el anónimo (->) contestase sobre que estaba buscando, respondiendo al instante que en esos momentos se encontraba mirando pornografía infantil y si queríamos un *link*. Para evadir el tema le dijimos que "*No, gracias, solo estoy buscando droga*", ante lo cual aprovecha a interrogarnos sobre cómo funciona el envío de estupefacientes; en aquel momento y conociendo sus intenciones primeras, se decide interrumpir inmediatamente el chat.

Desde el baúl de los recuerdos me gustaría rescatar otro chat que ha quedado en el olvido o que ha variado de dirección. Las siguientes imágenes reflejan el aspecto del chat en el año 2016 y una breve conversación mantenida con otro usuario anónimo en una sala grupal.

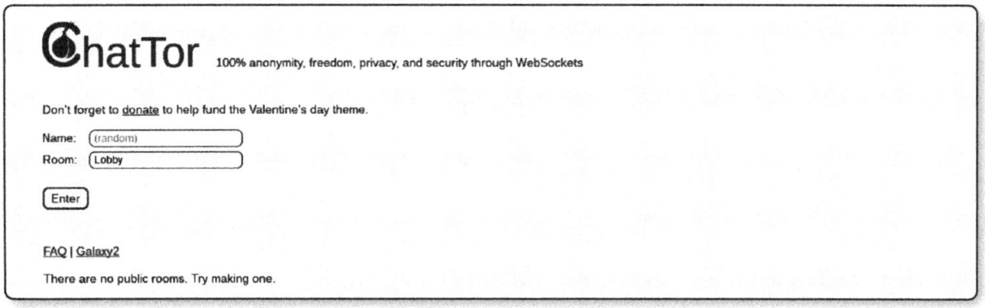

Figura 41. Captura de chat anónimo. Fuente propia.

A comparación de la anterior experiencia, la conversación se desarrolla en un ámbito humorístico, o eso me gustaría creer…

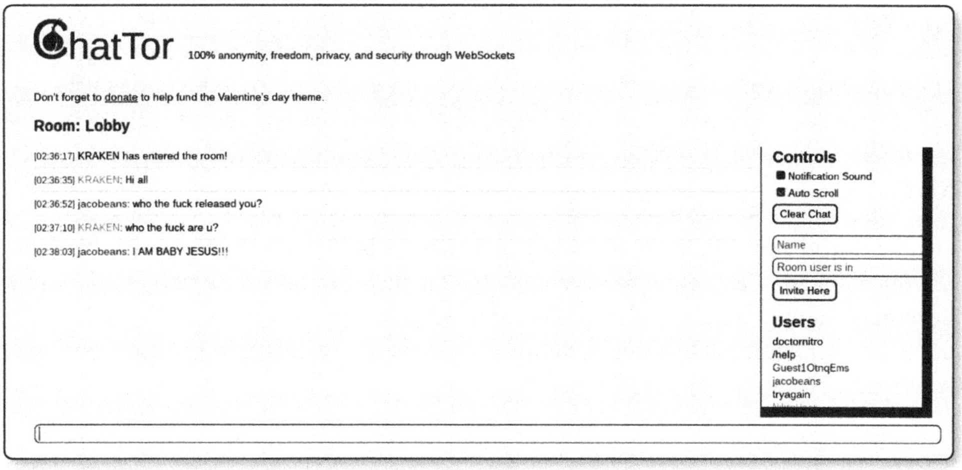

Figura 42. Captura de conversación en chat anónimo. Fuente propia.

Transcripción al español

KRAKEN (yo): *"Hola a todos"*
Jacobeans (usuario anónimo): *¿Quién c*** te ha liberado?*

KRAKEN: *¿Quién c*** eres tú?*
Jacobeans: *¡¡¡Soy el niño Jesus!!!*

3.2.3 Avistamiento del submarino "OnionChan"

Existen innumerables foros en la red Tor y la mayoría se encuentran englobados en tres categorías: *hacking*, *market* y *porn*; si recurrimos nuevamente a AHMIA como buscador primario, obtenemos 3.055 resultados para la búsqueda con la cadena "*forum*". Al bucear por las búsquedas de AHMIA descubriremos que los primeros resultados que arroja son relativos a foros que requieren alguna cuantía de pago por adelantado para acceder al contenido.

¿Qué foro podemos entonces reseñar?

Por encima de todos los foros que circulan en DW, y como hispanohablantes, nos interesa detenernos en el famoso CebollaChan.

La web CebollaChan ha durado tanto activa como inactiva, y en momentos de resurrección suele avisar a los usuarios por mensajería. En los meses que pasé dentro de CebollaChan detecté un gran volumen de supuestos interesados en intercambiar material pornográfico, muchos de ellos actúan como señuelos para diversos fines, mientras que otros usuarios consumen la web fielmente con la esperanza de hallar refugio para sus filias. Es precisamente la falta de control sobre este tipo de contenido lo que ha dado pie a explicar las interrupciones continuadas de CebollaChan, y es que el foro no está exento de leyendas urbanas, más la rumorología está de su lado: que, si el foro actúa bajo control de la policía nacional, o que el fundador es un joven que brinda servicios de hacking en Madrid, etc.

En el año 2020 he intentado acceder CebollChanCebollaChan sin éxito, así que podemos asumir que se encuentra en otro período de inactividad. Voy a desempolvar nuevamente mis propias capturas para dejar a continuación una vista de cómo se encuentra estructurado este foro por dentro (suprimiendo la última columna referente a "últimos mensajes").

| Temas | | |
Foro	Temas	Mensajes
/b/ General, random, cualquier tema **Moderado por:** Moderators	4,186	24,698
INTELIGENCIA Temas sobre inteligencia, espionaje e investigación: COMINT, SIGINT, ELINT. **Moderado por:** Moderators	613	4,542
Erótica Material porno, erótico, etc. de +18. **Moderado por:** Moderators, ▮	2,635	18,285
Conspiranoia Teorías de la conspiración, OVNI, fenómenos paranormales, creepy pasta. **Moderado por:** Moderators	756	6,594
Carding. Ingeniería financiera. Info sobre carding, dumps, bins, PP, CC, BTC ** no comercial ** **Moderado por:** Moderators	1,550	8,322
Tecnología Informática, telecomunicaciones, TOR, Hidden Services, hacking, phreaking, phishing, troyanos **Moderado por:** Moderators	2,339	11,845
Mercado Espacio para vender productos y servicios: Hosting, iPhones, hierba, etc. **Moderado por:** Moderators	43	825
Bolsa de empleo Ofertas para trabajos, proyectos, asociaciones, en la deep web. **Moderado por:** Moderators	581	2,580
Descargas Warez, cracks, series, películas **Moderado por:** Moderators	947	6,382
Música	110	527

Figura 43. Captura de CebollaChan. Fuente propia.

Facilitar la circulación de material ilícito es sin duda alguna el mayor pecado de este foro, hablamos de como fabricar explosivos, enlaces a videotecas con material sobre menores, fabricación y distribución de droga, etc. no resultando casual que salga a relucir al final del presente capítulo, pues nos encontramos en el límite de la zona abisal y el frío comienza a envolvernos; desde este punto de inflexión, y como Dante Alighieri hallaría escrito a las puertas del infierno, *"Abandonar toda esperanza, quienes aquí entráis"*[26]

---

26   Dante Alighieri, 1304. Divina Comedia.

4

NOS ADENTRAMOS EN LA OSCURIDAD DE LA DEEP WEB

ZONA ABISAL (4000 MS. - 6000 MS. DE PROFUNDIDAD)

La palabra abisal deriva del término abismo, un lugar profundo y frío dada la ausencia total de luz.

La fauna abisal está conformada por animales con apariencia monstruosa y dinámicas vitales alejadas a todo sentido común; nos hallamos en una profundidad donde la presión vence hasta a los organismos más fuertes y en la cual se requiere de una dosis extra de protección para poder seguir avanzando.

Permanezcan atentos en todo momento y agudicen el sentido del tacto; la supervivencia a estas profundidades requiere olvidar la esencia de la humanidad para enfrentarnos a lo irracional e inaudito; no hay medias tintas, debemos escoger entre adaptarnos o sucumbir ante la primera silueta que rompa toda ley moral o resulte altamente escalofriante. Si lo has pasado mal en el tramo anterior, y no te sientes en condiciones para continuar, esta es tu última oportunidad de salir a la superficie, el resto, marchamos en silencio hacia la absoluta oscuridad de esta capa de Internet conocida como Dark Web o Dark Net (en adelante DN).

4.1 "SIN SENTIDOS"

Muchos casos que iremos tratando en este capítulo sobre DN serán un verdadero sin sentido en términos de irracionalidad, asuntos en los que cualquier ciudadano con un mínimo de ética y moral jamás se vería implicado más allá del ámbito de la investigación criminal; por otra parte, el análisis de contenidos tendrá que estar despojado de nuestros sentidos primarios, sensibilizar los ojos y los oídos nos impedirá frivolizar con el contenido y analizarlo de manera crítica, lo mismo en algo tan intangible como son los sentimientos empáticos o repulsivos que uno pueda manifestar al encontrarse cara a cara con información de gran impacto.

A partir de estas líneas se podrá observar un mayor nivel de censura por parte del autor buscando proteger el anonimato de la web y todo su alcance; también se ha optado por no exponer contenido de extrema dureza y sensibilidad para evitar riesgos innecesarios, facilitando únicamente aquellos contenidos que puedan ser digeribles por parte del lector medio y se encuentren alineados con la ética investigadora.

4.2 OBJETOS HUNDIDOS

4.2.1 Los vapores químicos

El mercado de las drogas en DN es un fenómeno criminológico suficientemente conocido y estudiando por los principales observatorios de estupefacientes del mundo; por arrojar los datos más relevantes, el organismo europeo responsable de monitorizar la venta y consumo de drogas, el EMCDDA (*European Monitoring Centre for Drugs and Drug Addiction*), ha trasladado que dos tercios de las ofertas publicadas en la DW guardan relación con la venta de drogas [27] (Figura 44), mientras que la mayor cantidad de ingresos generados por este tipo de servicios recae en Alemania, Inglaterra y Holanda (Figura 45), quedando España en un séptimo puesto por debajo de Bélgica, Croacia y Suecia (Figura 46).

---

27   EMCDDA, Europol. Drugs and the darknet, Perspectives for enforcement, research and policy. Recuperado de: http://www.emcdda.europa.eu/system/files/publications/6585/TD0417834ENN. pdf

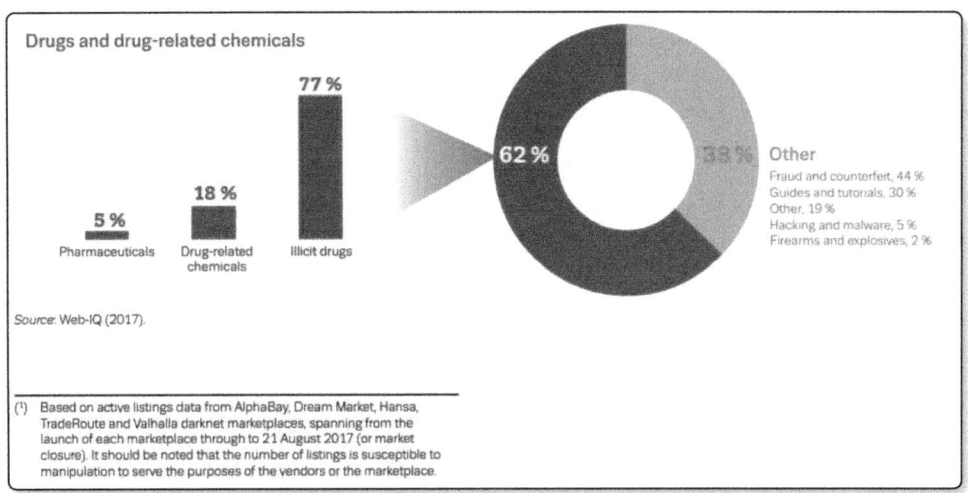

Figura 44. Gráfico de contenido en mercado negro. http://www.emcdda.
europa.eu/system/files/publications/6585/TD0417834ENN.pdf

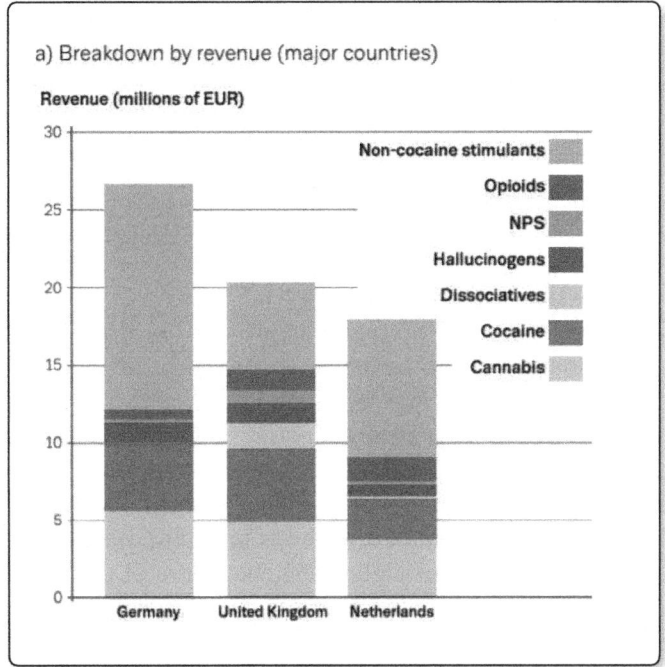

Figura 45. Gráfico de dinero obtenido por venta de drogas en los países europeos. http://
www.emcdda.europa.eu/system/files/publications/6585/TD0417834ENN.pdf

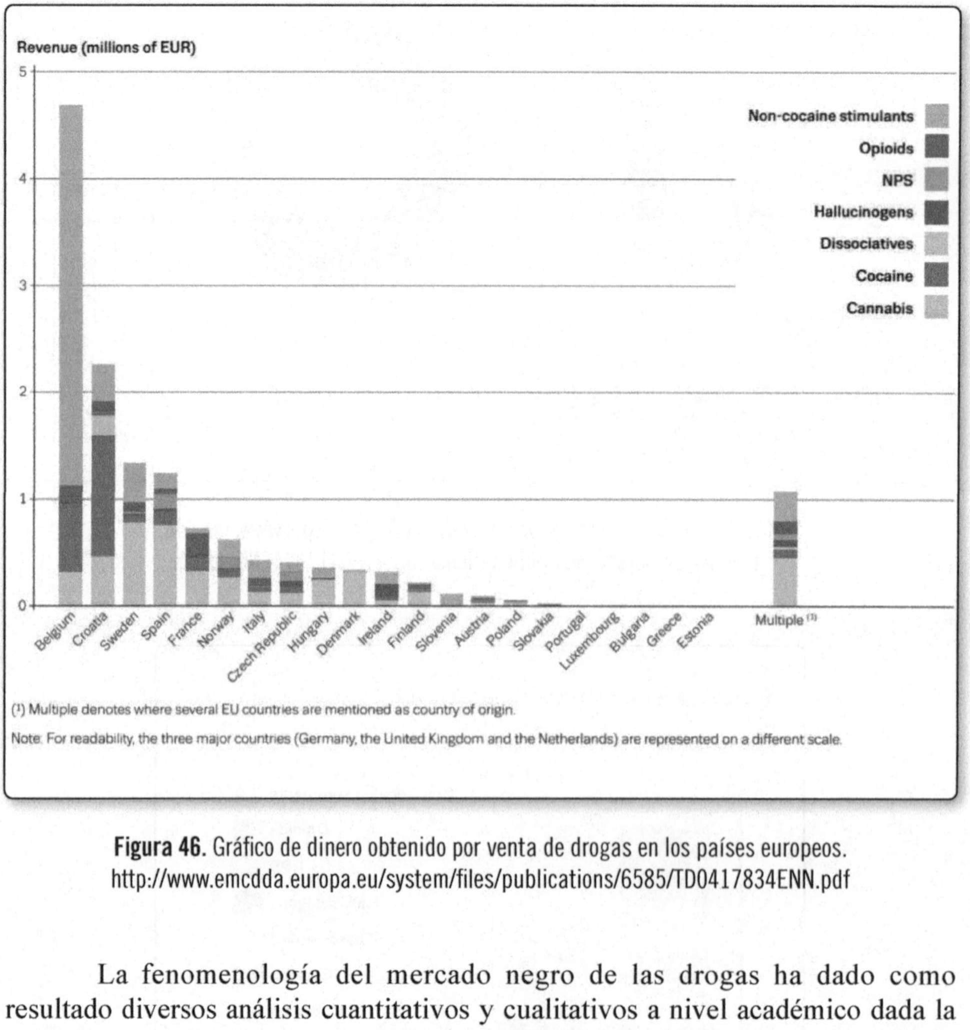

Figura 46. Gráfico de dinero obtenido por venta de drogas en los países europeos.
http://www.emcdda.europa.eu/system/files/publications/6585/TD0417834ENN.pdf

La fenomenología del mercado negro de las drogas ha dado como resultado diversos análisis cuantitativos y cualitativos a nivel académico dada la voluminosa cantidad de portales que se han ido sucediendo a lo largo de la vida de Tor como herramienta predilecta para delinquir. Se antoja imposible obtener una lista completa sobre los servicios de distribución de estupefaciente, al menos como fuente de acceso público; los siguientes gráficos (Figura 47 y Figura 48), también obtenido por el EMCDDA, intentan ofrecernos una aproximación, recogiendo un total de 103 mercados activos en algún momento entre el período 2010 y 2017, incluyendo la razón de la baja o cese de estos.

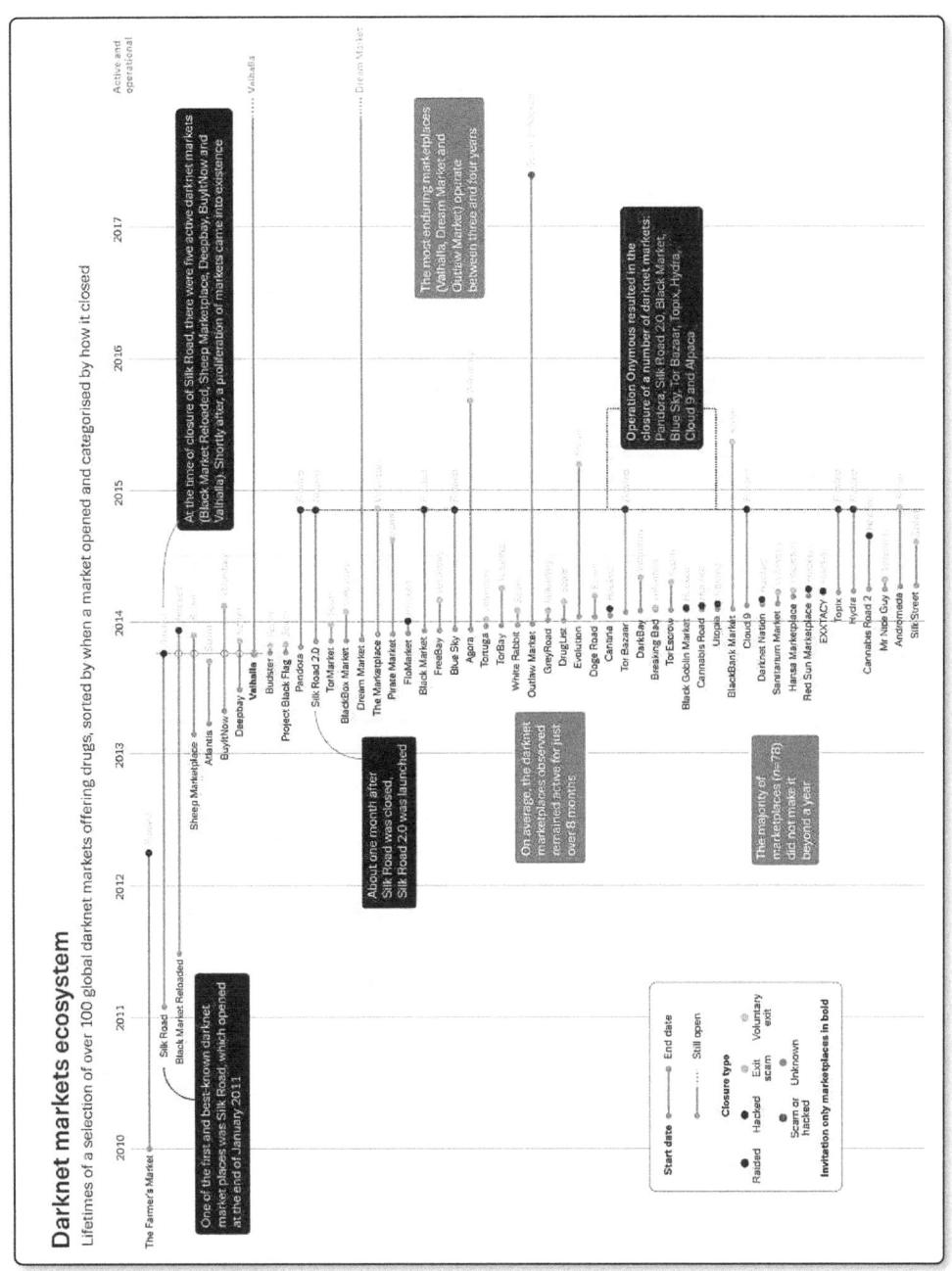

Figura 47. Gráfico de dinero obtenido por venta de drogas en los países europeos.
http://www.emcdda.europa.eu/system/files/publications/6585/TD0417834ENN.pdf

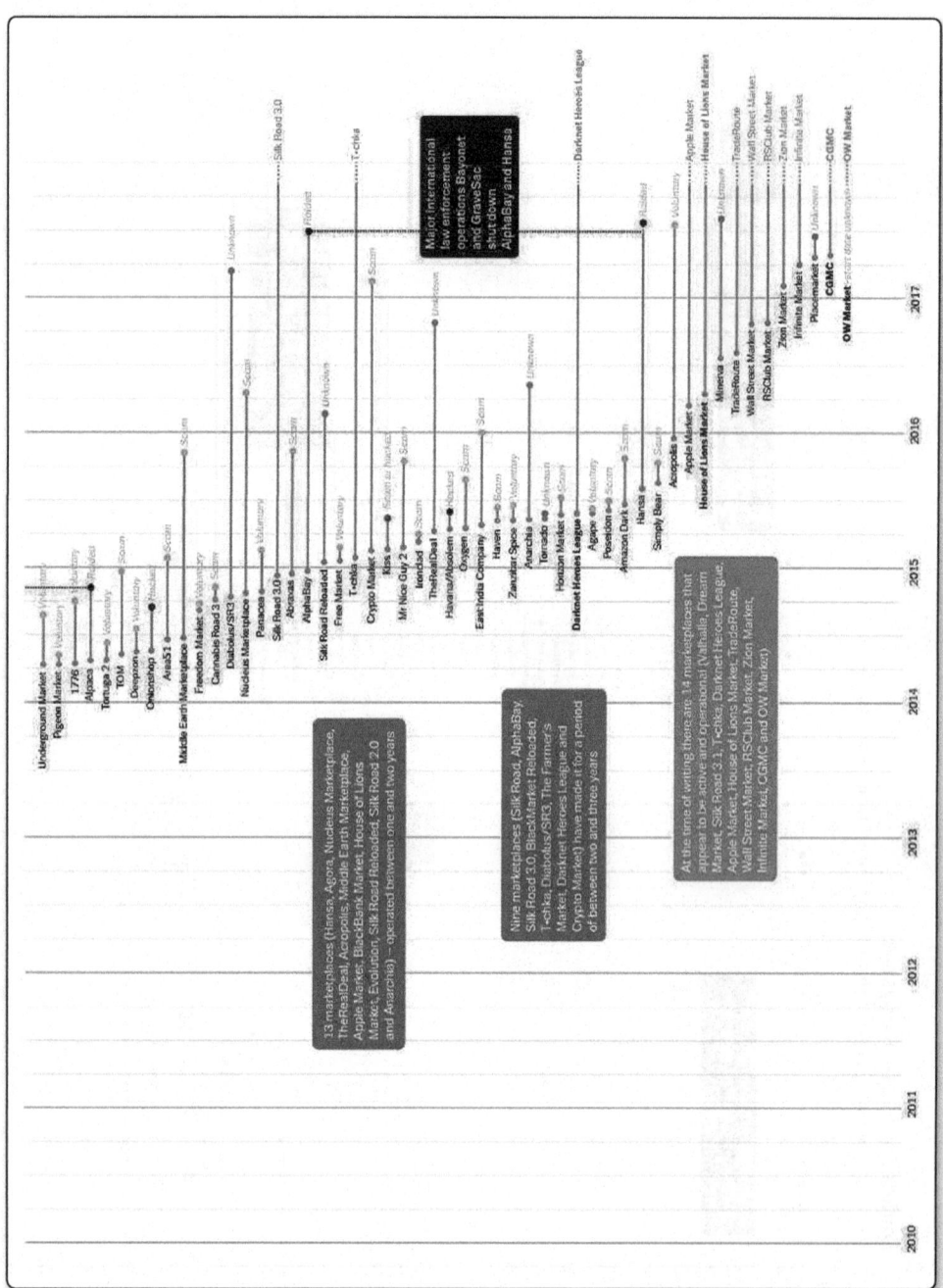

Figura 48. Gráfico de dinero obtenido por venta de drogas en los países europeos.
http://www.emcdda.europa.eu/system/files/publications/6585/TD0417834ENN.pdf

4.2.2 Bienvenidos al Silk Road

Permitámonos el espacio suficiente para ahondar un poco más en la temática del tráfico de estupefacientes; siguiendo la misma tónica aplicada hasta el momento, donde nos abstraemos al máximo de expresiones estadísticas para acceder directamente al contenido visual, que mejor que comenzar con un auténtico clásico: Silk Road.

Silk Road fue una página de mercado negro que inició sus andanzas en el año 2011 orientada a la distribución de material de contrabando, especialmente de heroína, LSD y cannabis, circunscribiendo su alcance únicamente a la venta de estupefacientes y prohibiendo así otros productos que comenzaban a entrar en auge por aquel entonces.

Figura 49. Imagen de Silk Road.

El 2 de octubre de 2013 fue clausurada por el FBI e identificado su principal artífice; según se ha dejado constancia en ciertos medios de difusión, uno de los principales disparadores para iniciar la investigación contra Silk Road fue su enorme facturación; de acuerdo con un informe de Tren Micro (2013) *"Según el FBI, en sus dos y medio años de existencia, este site ha generado ventas por un total de más de 9,5 millones de Bitcoins y recogido comisiones sobre ventas de más de 600.000 Bitcoins. En el momento de la denuncia, estas cantidades equivalían a ventas de aproximadamente 1.200 millones de dólares y 80 millones de dólares en comisiones"*.[28]

Pasado un mes de su clausura, comenzaron a circular rumores sobre la reapertura de SilkRoad, mientras que su principal implicado era condenado a 30 años de prisión y posteriormente a cadena perpetua.

Para conocer el impacto mediático que tuvo Silk Road en el momento en que pasó de ser un punto de venta de droga a cubrir portadas de revistas sensacionalistas, vamos a consultar las estadísticas tendenciales de Google que, como un gran hermano, todo lo ve y todo lo recuerda.

---

28 Trend Micro. (2013). Deepweb and Cybercrime. Recuperado de: https://www.trendmicro.de/cloud-content/us/pdfs/security-intelligence/white-papers/wp-deepweb-and-cybercrime.pdf

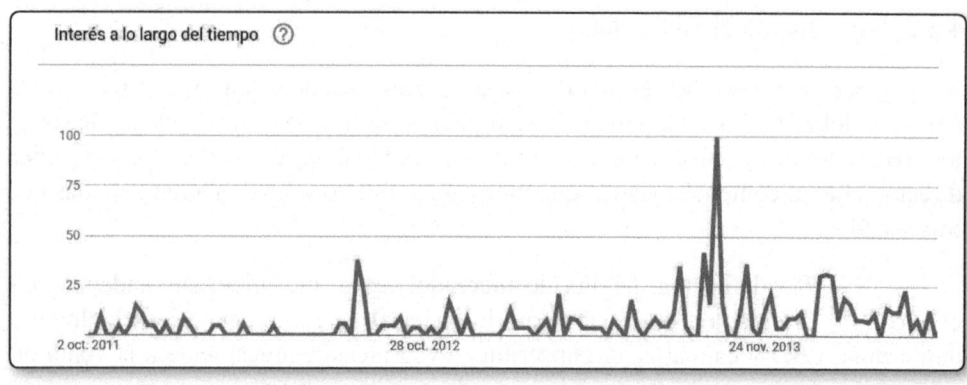

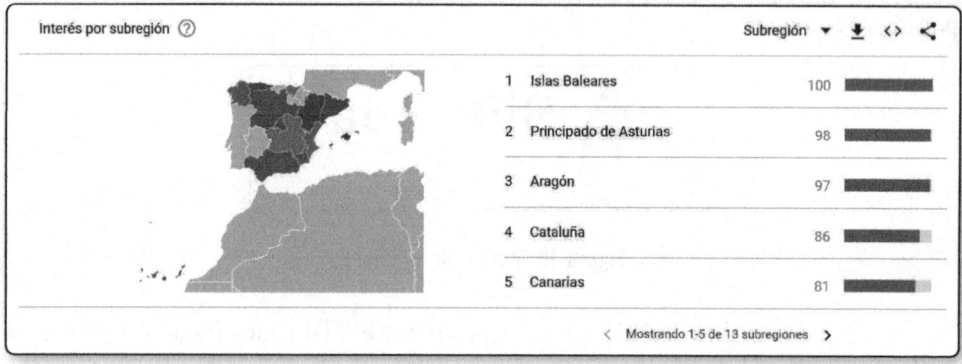

Figura 50. Gráficos tendenciales de Google. https://trends.google.es/trends/
explore?date=2011-10-01%202015-01-10&geo=ES&q=%2Fm%2F0gx0xw0

En la Figura 50 se observa que el máximo de consultas bajo el término Silk Road se registra en el mes de octubre del año 2013, coincidiendo con la noticia de captura y censura de la página por parte de FBI; curiosamente, la región de España que más inquietud demostró por la temática fue Islas Baleares seguido del principado de Asturias ¿*se traduce esto a una mejor cobertura en los medios de comunicación?* desde luego transitaba Asturias en aquellos años, pero aún no era asiduo a la DW, así que no tengo criterio suficiente para poder afirmarlo o desmentirlo.

Con los gráficos presentes, y buscando una instantánea de Silk Road, acudimos a la hemeroteca de diversos medios de comunicación entre los años 2011 y 2013. Las siguientes imágenes fueron publicadas en el periódico 20 minutos[29].

---

29 Juan Castromil. (2013). 20minutos. Silk Road, la web de venta anónima de armas y drogas, clausurada por el FBI. Recuperado de: https://clipset.20minutos.es/silk-road-la-web-de-venta-anonima-de-armas-y-drogas-clausurada-por-el-fbi/

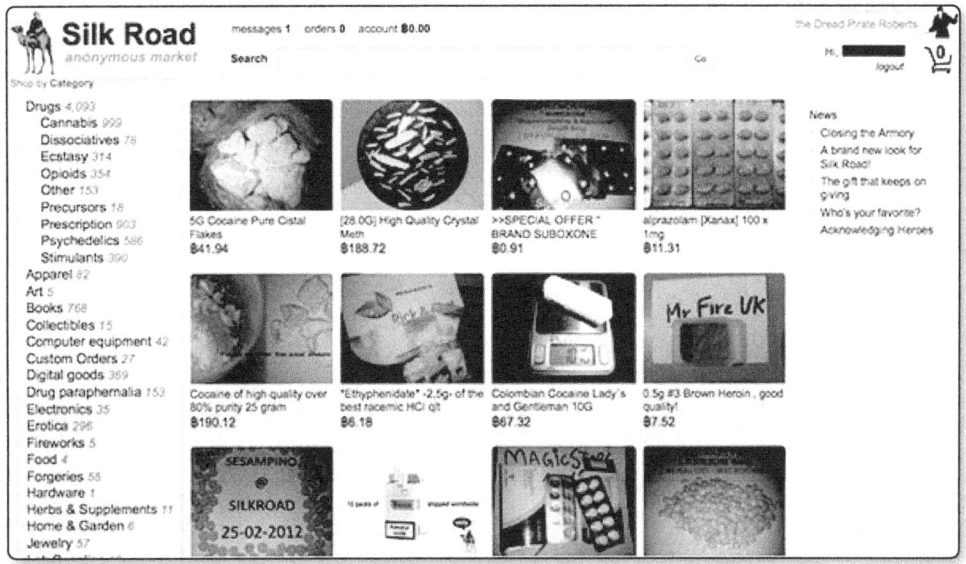

Figura 51. Imagen de Silk Road.
https://i0.wp.com/clipset.20minutos.es/wp-content/uploads/2013/10/silk-road1.jpg?w=600&ssl=1

Figura 52. Imagen de clausura de Silk Road.
https://i1.wp.com/clipset.20minutos.es/wp-content/uploads/2013/10/silkroad-a.jpg?w=660&ssl=1

Al igual que puede ocurrir en Ebay[30], nos encontraremos con otros portales e-commerce (del inglés "comercio electrónico") que tienen en cuenta variables para dotar de fiabilidad a los vendedores, en esta línea existen casos donde se "verifica" la identidad del vendedor, se permiten comentarios de consumidores sobre el nivel de satisfacción y/o se facilitan sistemas de valoración del servicio mediante asignación numérica (puntos) o simbólica (estrellas), aunque otros van directamente a ofrecer sus servicios sin tanto maquillaje. Veamos unos ejemplos actuales que han ido tomando el relevo de la extinta Silk Road.

4.2.3 Herederos del Silk Road

Figura 53. Captura de mercado negro de drogas. Fuente propia.

La Figura 53 se engloba dentro de la categoría de mercado negro de droga y es una pequeña vista dentro de un sitio con más de 760 páginas. Se puede apreciar la etiqueta de *verified* (del inglés "verificado") indicando que se trata de un vendedor confiable, e inmediatamente luego de su nombre, debidamente censurado, se incorpora un contador entre paréntesis indicando las votaciones positivas que ha recibido por parte de los usuarios/consumidores. Otro dato a remarcar es la indicación

---

30 Ebay. https://www.ebay.com/

de *ships from* (del inglés "se envía desde"), y curiosamente podemos apreciar que la anteúltima entrada pertenece a un producto enviado desde España para todo el mundo; aunque esta especificación no nos deje de intrigar, debemos pensar siempre desde el punto de vista del consumidor y el vendedor, en el movimiento de mercancía de contrabando es vital asegurar la distribución y esto depende, entre otros factores, de los puntos de control por los que pase; como ejemplo práctico, si vivimos en Madrid, y queremos comprar 1 gr de cocaína con el 90% de pureza, buscaríamos un proveedor local para realizar el envío del paquete mediante mensajería privada, con suerte, dicha empresa tendrá controles más laxos en lo que respecta a envíos entre comunidades, no así para envíos transfronterizos.

Dejando atrás la sofisticación del sistema de validación y localización, algunos vendedores deciden simplificar el proceso y exponer únicamente la relación coste-cantidad; hay tiendas para todos los públicos, incluidos los impacientes.

Figura 54. Captura de mercado negro de drogas. Fuente propia.

Figura 55. Captura de mercado negro de drogas. Fuente propia.

4.2.4 Venta de anabólicos

Siguiendo la estela dejada por la venta de estupefacientes, el consumo de anabólicos también ha abierto otra vertiente dentro de sustancias químicas.

En la Figura 91 podemos apreciar la publicación de género de testosterona en ampollas a 30 dólares, mientras que en la Figura 92 nos encontramos con un listado de diferentes distribuidores por zona geográfica (Moldavia, Tailandia, India y Letonia).

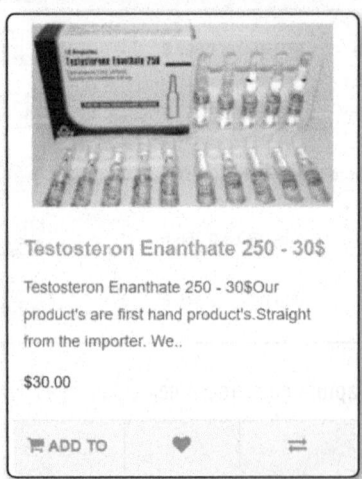

Figura 56. Captura de venta de hormonas. Fuente propia.

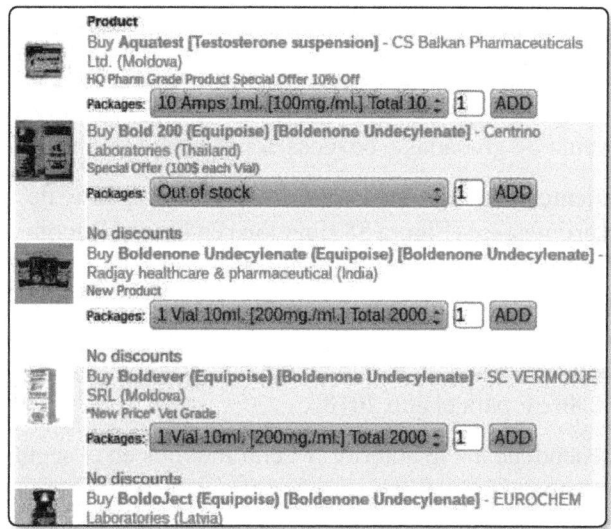

Figura 57. Captura de venta de hormonas. Fuente propia.

4.2.5 El mercado de las armas

La venta de armas es otra línea de negocio que ha ido proliferando en la DN, y, como ocurre con el mercado de la droga, acarrea una dificultad logística considerable para su correcta manipulación y envío, añadiendo una mayor complejidad dado el volumen de los rifles y armas de asalto.

De acuerdo con Thomas Holt (2019), profesor de justicia criminal de la Universidad de Michigan *"Lo que encontré más sorprendente fue que la mayoría de lo que vimos no eran fusiles de armas de grado militar (...) En lugar de armas de fuego exóticas o raras, vimos pistolas, los tipos de armas que alguien en los Estados Unidos podría comprar en tiendas o vendedores con licencia. Además, los puntos de precio de estas armas no eran drásticamente diferentes de lo que encontraría si estuviera comprando legalmente. Estas observaciones plantean la pregunta, ¿Por qué la web oscura en su lugar? (...) El sesenta y cuatro por ciento de los productos anunciados eran pistolas, el 17% eran pistolas largas semiautomáticas y las pistolas largas totalmente automáticas eran el 4%."*[31]

---

31 Thomas Holt. (2019), WEAPONS TRADE REVEALS A DARKER SIDE TO DARK WEB. Recuperado de: https://msutoday.msu.edu/news/2019/weapons-trade-reveals-a-darker-side-to-dark-web/

Si bien en España se guarda una relación social distante con a las armas en comparación a los Estados Unidos de América, es menester suscribir las palabras de Thomas Holt, pues los ejemplares que encontraremos en DN se circunscriben en su mayoría a armas de fuego de corto alcance; aun así, nos dejemos engañar, hay espacio para la venta de granadas o bazucas como veremos a continuación.

Las siguientes capturas muestran diversos ejemplares de tienda de armas online en DN; el primer caso (Figura 58) funciona en base al Bitcoin y una conversión al dólar como divisa de uso corriente, mientras que el segundo ejemplo se trata de una tienda europea; hay que tener en cuenta que las imágenes fueron tomadas entre los años 2015 y 2016, y las conversiones monetarias que se reflejan no se ajustan a la realidad actual, pues el bitcoin ha ido incrementado su valor desde los 25 euros en el año 2013 € a 2.862 € para el año 2018.

Con independencia a lo anterior, y centrándonos en el segundo caso (Figura 59) enfocado a la zona euro, podemos confirmar que el precio es más elevado que en una venta regulada[32].

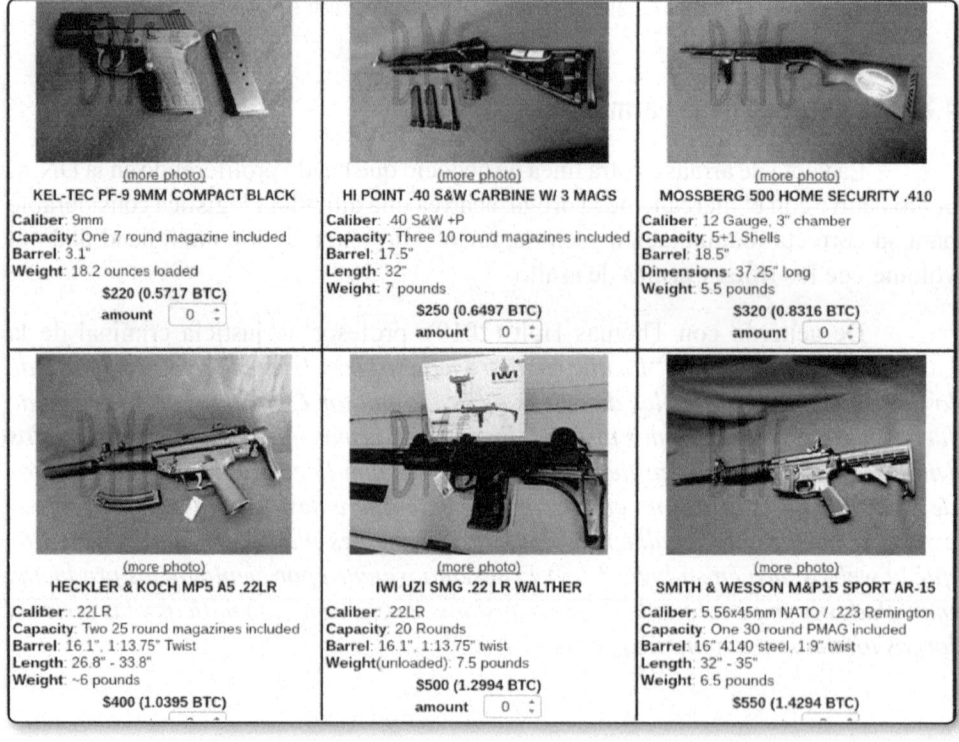

Figura 58. Captura de mercado negro de armas. Fuente propia.

---

32   Arma.es. (2013). Recuperado de: https://www.armas.es/foros/viewtopic.php?t=977809

Figura 59. Captura de mercado negro de armas. Fuente propia.

Figura 60. Captura de mercado negro de armas. Fuente propia.

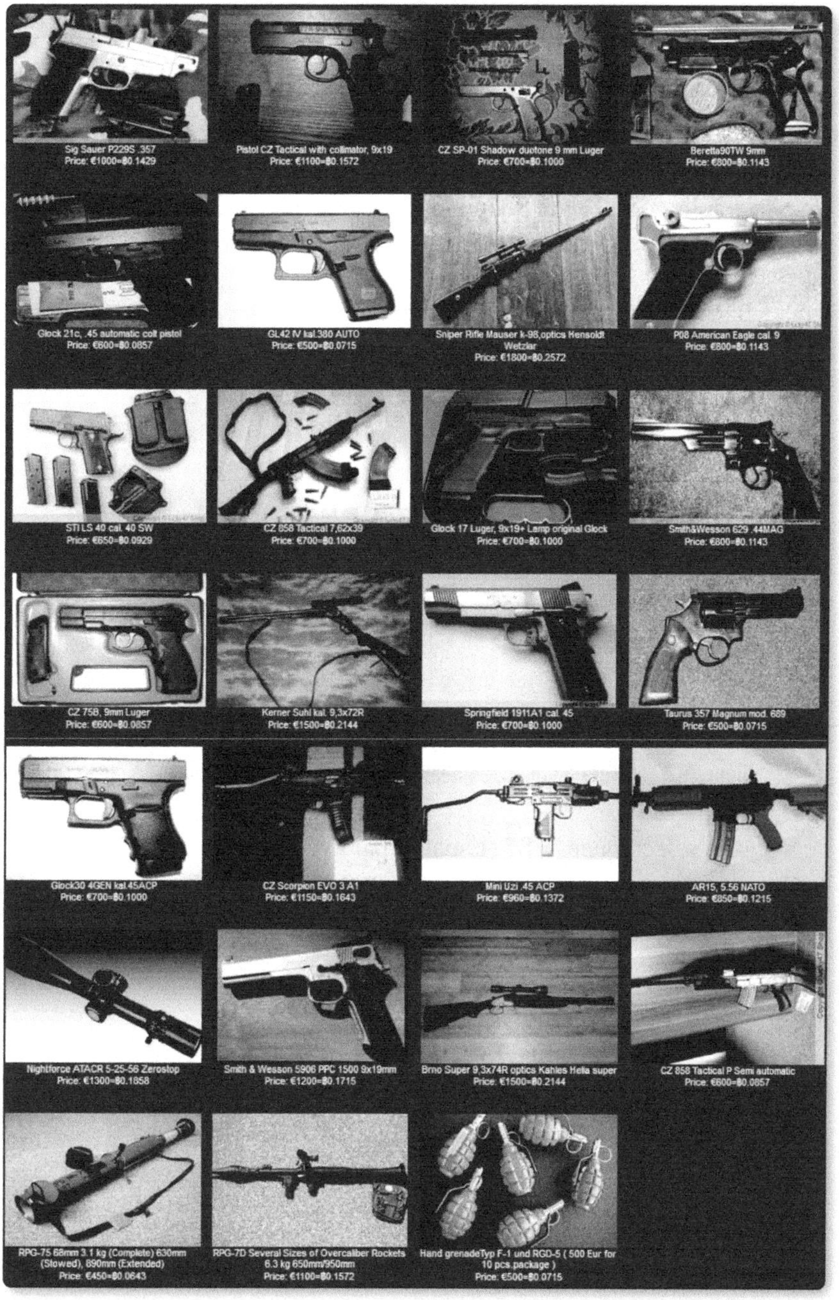

Figura 61. Captura de mercado negro de armas. Fuente propia.

4.2.6 Tarjetas de crédito clonadas y bancos offshore

Lejos de la propia sustracción física de carteras, es la fuga de información uno de los principales factores que propician el clonado de cuentas y tarjetas bancarias; un simple malware expandido en una red local o empresarial, un empleado descontento o alguien descuidado con poca sensibilización en seguridad informática, pueden ser los elementos facilitadores para que un grupo de personas al otro lado del mundo se dedique a crear páginas como las siguientes.

EUROPE CARDS:

DE	UK	AT	NL
Germany	United Kindom	Austria	Netherlands
DK	ES	IT	PT
Denmark	Spain	Italy	Portugal

Figura 62. Captura de mercado negro de tarjetas clonadas. Fuente propia.

Vamos a seleccionar "ES" (España) para ver que nos encontramos.

All cards are with PIN-codes and full holder info!

What to do with this credit cards? - You can read the instructions here.

BANK	CARD TYPE	QUANTITY	BALANCE	PRICE	
Banco Sabadell	Visa Gold	1 card	2540.00 EUR	0.0672 ฿	BUY NOW
Banco Sabadell	Visa Classic	1 card	5840.00 EUR	0.1548 ฿	BUY NOW
Banco Sabadell	Visa Classic	1 card	2150.95 EUR	0.0568 ฿	BUY NOW
Banco Sabadell	Visa Classic	1 card	1548.00 EUR	0.0410 ฿	BUY NOW
Banco Sabadell	Visa Classic	3 cards	~9.5K EUR TOTAL	0.1515 ฿	BUY NOW

Figura 63. Captura de mercado negro de tarjetas clonadas. Fuente propia.

Resulta curioso que en este caso solo trabajan duplicados del Banco Sabadell (pin incluido), cabría preguntarse si es debido a una posible fuga de información no detectada o a la incapacidad de clonar tarjetas de otras entidades.

La siguiente página se jacta de poseer una enorme base de datos de tarjetas de créditos; basándonos en la experiencia de trabajar con fuentes abiertas se puede constatar la veracidad de lo anunciado, pues tales datos circulan libremente por todo Internet.

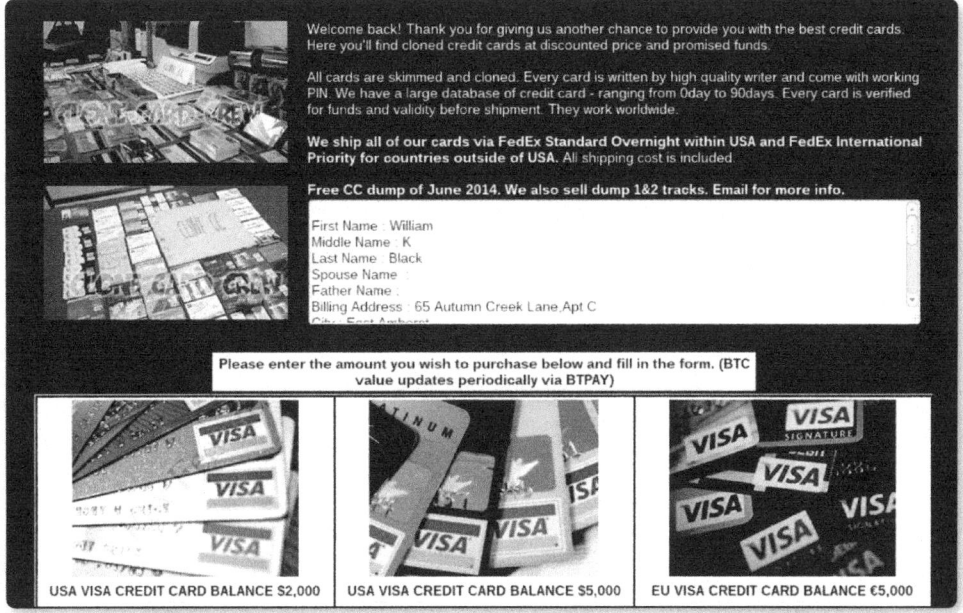

Figura 64. Captura de mercado negro de tarjetas clonadas. Fuente propia.

Si comprar tarjetas clonadas es una excusa para pertenecer a un club selecto, entonces puedes dar un repaso a las ventajas que ofrece el club de los millonarios, una excelente campaña de marketing para vender clónicos de MasterCard, Visa y Union Pay.

Figura 65. Captura del club de los millonarios. Fuente propia.

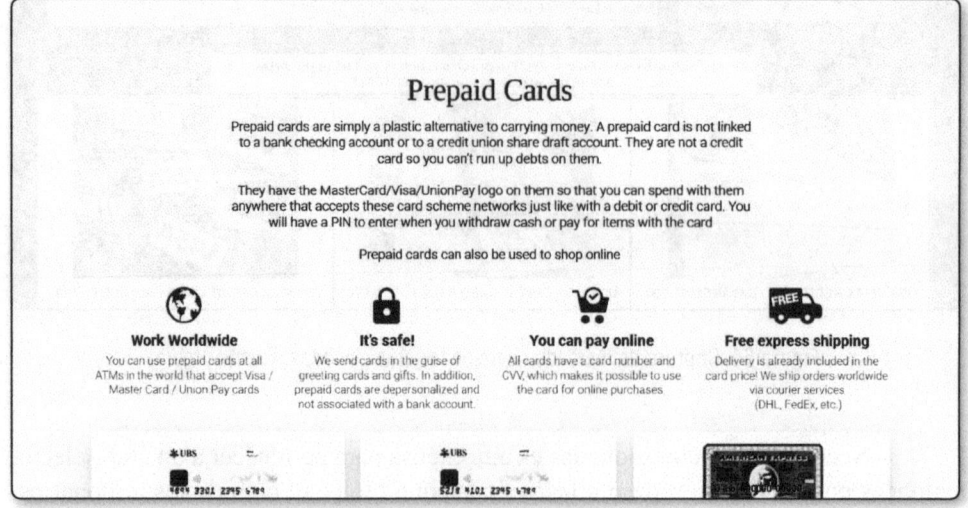

Figura 66. Captura del club de los millonarios. Fuente propia.

De la presente categoría lo que menos se ha mostrado en otros libros sobre la materia es la existencia de auténticos bancos *offshore*. Como siempre, hay que sujetar la información con pinzas, no todo lo que vemos tiene porque ser cierto y mucho menos cuando hablamos de transacciones económicas.

Aquí observamos un claro ejemplo de un banco que hipotéticamente opera desde Panamá, y juzgando por su apariencia, el propietario se ha tomado la molestia de darle un empaque profesional y sobrio, contrariamente a lo que ocurre en el resto de las páginas de clonado.

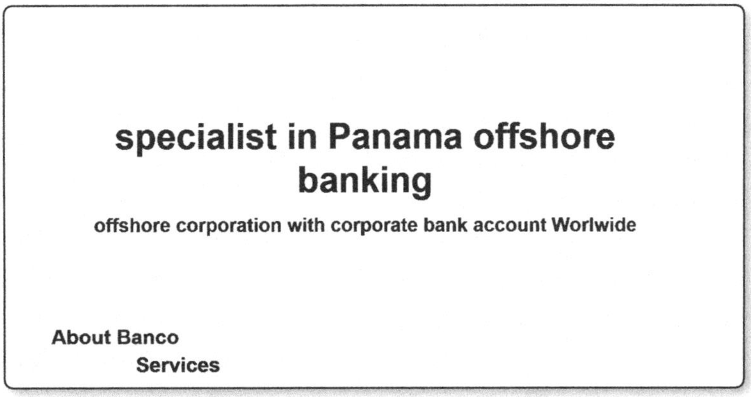

specialist in Panama offshore banking

offshore corporation with corporate bank account Worlwide

About Banco
    Services

Figura 67. Captura de banco offshore. Fuente propia.

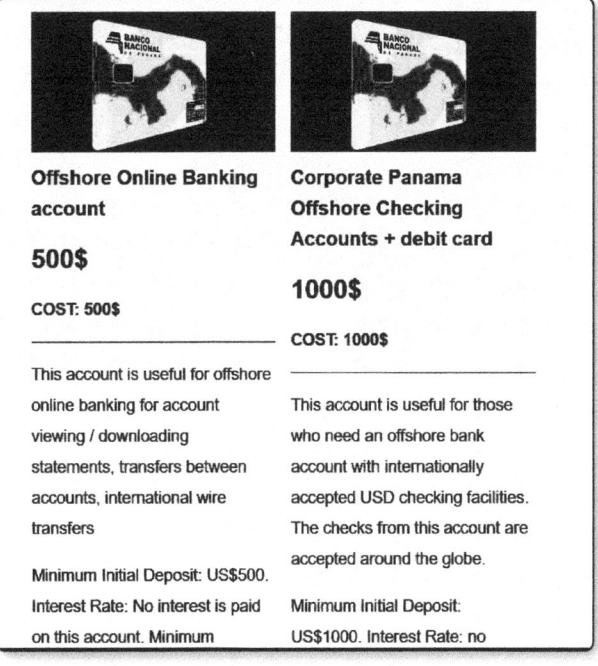

Figura 68. Captura de banco offshore. Fuente propia.

4.2.7 Venta de pasaportes y nacionalidades falsas

Existe una inmensa variedad de páginas dedicadas a la venta de pasaportes, DNI y carnés de conducir falsos. Algunos portales denotan un desconocimiento absoluto de los carnés originales, mientras que otros son de una maestría gráfica inquietante.

Reconozcámoslo, nunca fue tan fácil ser ciudadano de los Estados Unidos de América, aunque haya que confiar 5.900 dólares a un grupo de personas anónimas; en tiempos de crisis es donde este tipo de páginas echarán auténtico humo lucrándose en base al delito de falsedad documental[33].

Figura 69. Captura de venta de identificaciones. Fuente propia.

_____

33 Ley Orgánica 10/1995, de 23 de noviembre, del Código Penal. (1995.). Recuperado de: http://noticias.juridicas.com/base_datos/Penal/lo10-1995.l2t18.html

Figura 70. Captura de venta de identificaciones. Fuente propia.

Figura 71. Captura de venta de identificaciones. Fuente propia.

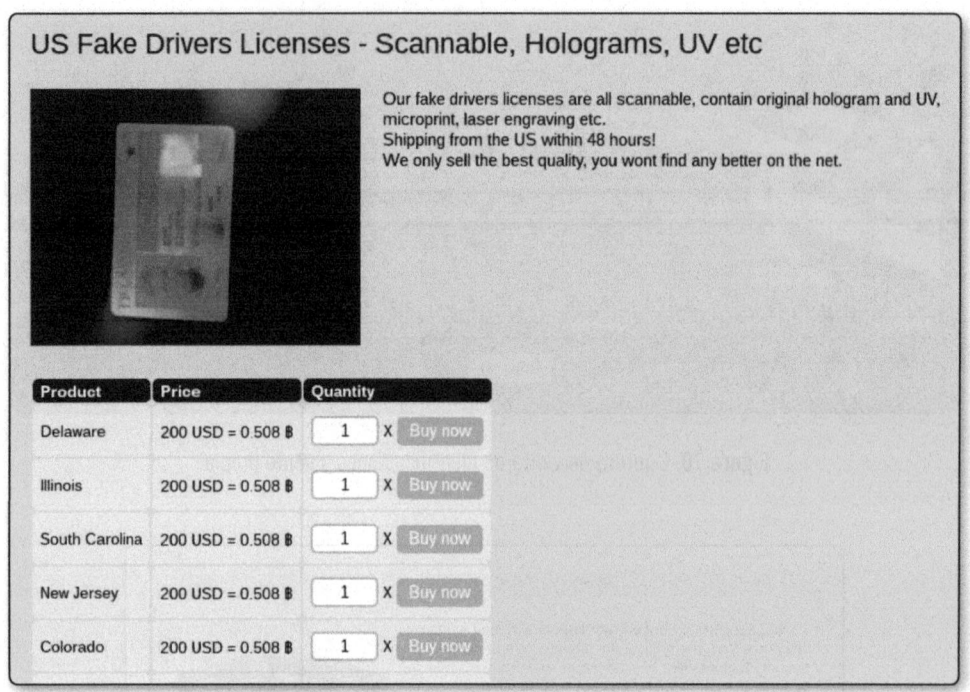

Figura 72. Captura de venta de identificaciones. Fuente propia.

4.2.8 Herramientas de hacking y 0-Days

Este es un punto que nos concierne a los que desarrollamos la profesión de la ciberseguridad, porque somos los principales interesados en buscar este tipo de fuentes, aunque muchos lo nieguen.

Gran parte de las herramientas que facilitan nuestro trabajo surgieron como proyectos colaborativos entre grupos de hacking, el uso que se les pueda dar es otro debate muy distinto; hubo una época donde la pluma vencía a la espada, hoy se impone la información como verdadera arma de poder. En términos históricos, siempre existieron canales para adquirir aplicaciones de acceso remoto (RAT) o binarios para encriptar información (ransomware), pero otra cosa es adquirir directamente el resultado de aplicar dichas herramientas: el secuestro de cuentas y servicios.

En la siguiente pantalla se puede apreciar un ejemplar de página web donde adquirir cuentas de bitcoint, de neteller, de skrill y, como no podía ser de otra manera, tarjetas clonadas.

Figura 73. Captura de venta de cuentas. Fuente propia.

En el mundo de la ciberseguridad también existen otras herramientas denominadas 0-Days que permiten explotar una vulnerabilidad crítica que aún no ha sido detectada, o no se ha aplicado un parche para solventar el error. Los 0-days son productos muy tentadores para aquellos que busquen comprometer un objetivo con conocimiento previo; ilustremos la táctica con un ejemplo muy sencillo.

Imaginemos que nos interesa atacar una industria en la cual ya hemos instalado un malware gracias a la poca cautela de un trabajador; una vez dentro, podríamos escanear la red en busca de otros activos y encontrarnos con un firewall de tecnología CISCO, que es como toparse con la puerta acorazada de un banco; si pudiéramos encontrar un 0-day que nos permitiese explotar un fallo de autenticación contra el firewall, lograríamos un control total en la red de la industria. Para fortuna de los piratas con sombrero negro, y para desgracia de los expertos en seguridad, este tipo de herramientas abundan tanto en la SW como en la DW siendo esta última capa el canal predilecto de distribución.

Las dos imágenes siguientes reflejan un directorio de 0-days en la DW (Figura 74) y un homólogo de libre acceso denominado Exploit Database [34] que está presente en la SW, al que muchos solemos acudir con regularidad.

———
34   Exploit Database. https://www.exploit-db.com/

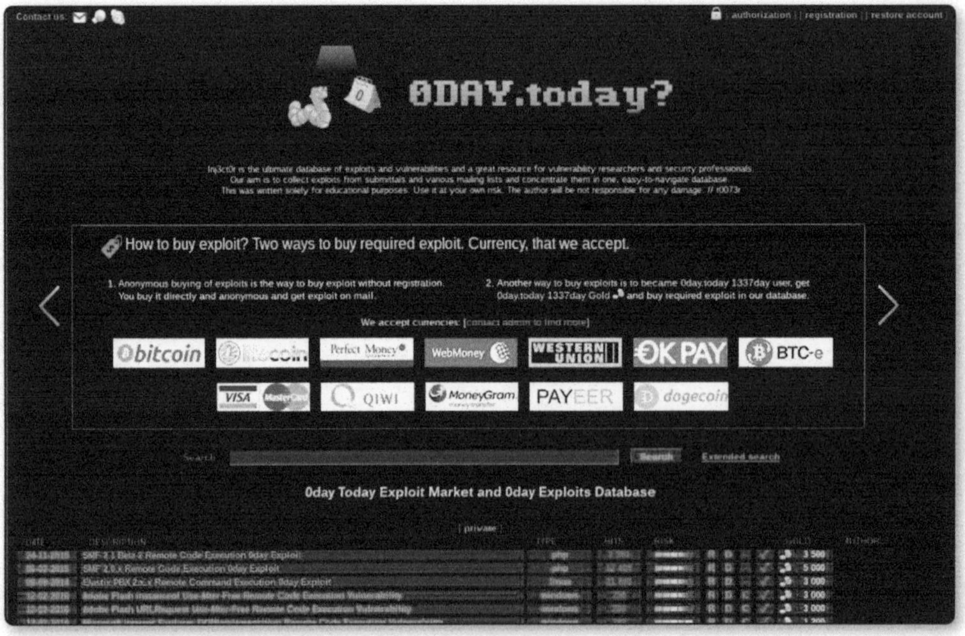

Figura 74. Captura de página de 0-days. Fuente propia.

Figura 75. Captura de Exploit Database. https://www.exploit-db.com/

4.3 LA FAUNA MÁS SALVAJE

4.3.1 Asesinos a sueldo

Los asesinatos también son servicios publicados abiertamente; hasta hace un tiempo se podía localizar una cantidad nada despreciable de páginas sobre esta tipología, muchas de las cuales resultaron ser falsificaciones para alimentar el morbo de los más curiosos.

La siguiente imagen muestra información limitada sobre el precio de trabajos realizados por un grupo de sicarios. A la hora de exponer este tipo de contenidos se ha optado por restringir la información, suprimiendo toda seña de identidad que pueda asociar el contenido a un determinado grupo o página web.

Murder Types	Regular Person	Public Persons	1-2 Guards	3-5 Guards
Regular	$45,000	$180,000	$360,000	$540,000
Missing in action	$60,000	$240,000	$480,000	$720,000
Death in accident	$75,000	$300,000	$600,000	$900,000
Criple Types	**Regular Person**	**Public Persons**	**1-2 Guards**	**3-5 Guards**
Regular	$12,000	$48,000	$120,000	$180,000
Uglify	$18,000	$72,000	$160,000	$240,000
Two Hands	$24,000	$96,000	$200,000	$300,000
Paralyse	$30,000	$120,000	$240,000	$360,000
Rape	**Regular Person**	**Public Persons**	**Family**	**Members**
Regular	$8,000	$16,000	$32,000	$32,000
Under age	$21,000	$32,000	$36,000	$36,000
Bombing	**Regular Person**	**Public Persons**	**Family**	**Members**
Simple	$7,000	$28,000	$32,000	$32,000
Complex	$21,000	$32,000	$48,000	$48,000
Beating	**Regular Person**	**Public Persons**	**Family**	**Members**
Simple	$3,000	$12,000	$30,000	$30,000

We need: Name.
Country and City.

Figura 76. Captura de página de sicarios. Fuente propia.

En la tabla se pueden apreciar tres tipos de asesinatos (normal, perdido en acción, muerte por accidente), cuatro tipos de lesiones (normal, desfigurar, dos manos, paralizar), dos tipos de violaciones (normal y menos de edad), dos tipos de bombardeos (simple y complejo), y un tipo de paliza (simple), todo medido en base a variables que contemplan número de víctimas y perfil (público, privado).

4.3.2 Piratas informáticos

Los piratas informáticos que buscan trabajar al otro lado de la legalidad también ofertan sus habilidades sin mayores inconvenientes. Se trata de un servicio orientado a empresas y particulares cuyo precio oscila entre los 7.165 euros hasta los 35.826 euros.

Services: Custom exploit development, exploit adaptation, offensive penetration testing, custom malware development(APT), targeted attacks, cyber stalking(doxing) and online tor shop/forum/web sites full setup and maintaince

Payment: btc

Prices: from 0.1 btc to 5 btc depending on the service

Most demanded: online basic tor shop setup and maintance is 90 usd/month. Custom botnet

Figura 77. Captura de página de 0-days. Fuente propia.

¿Qué tipo de amenazas se enumeran en la carta de servicios?

Desde desarrollos de amenazas persistentes (APT), adaptación de exploits, ataques a objetivos específicos (con toda probabilidad mediante phishing o denegaciones de servicio), y recopilación de toda la información posible sobre una persona o entidad (doxing); como plan B ofertan la construcción y mantenimiento de tiendas, foros y páginas web.

4.3.3 Filias

Bajamos un escalafón más en el nivel de información inquietante y sensible, las filias y el abuso de menores. Si la oferta de asesinatos nos parecía el tipo más aberrante de usos que se le puede dar a la DN, presentamos a continuación, y sin entrar en mayores detalles relacionados con el contenido, dos páginas web de especial delicadeza que, afortunadamente, ya no se encuentran disponibles.

El primer portal hace referencia a un manual de instrucciones virtual sobre como practicar la zoofilia. En la web se especifican datos anatómicos de diversos animales, así como también sus ciclos de reproducción, especialmente en delfines, equinos, perros, gatos, cabra, cerdos, toros y gatos. Las siguientes capturas recogen una sección ínfima de la guía sobre zoofilia, con especial atención a la zoofilia aplicada a delfines.

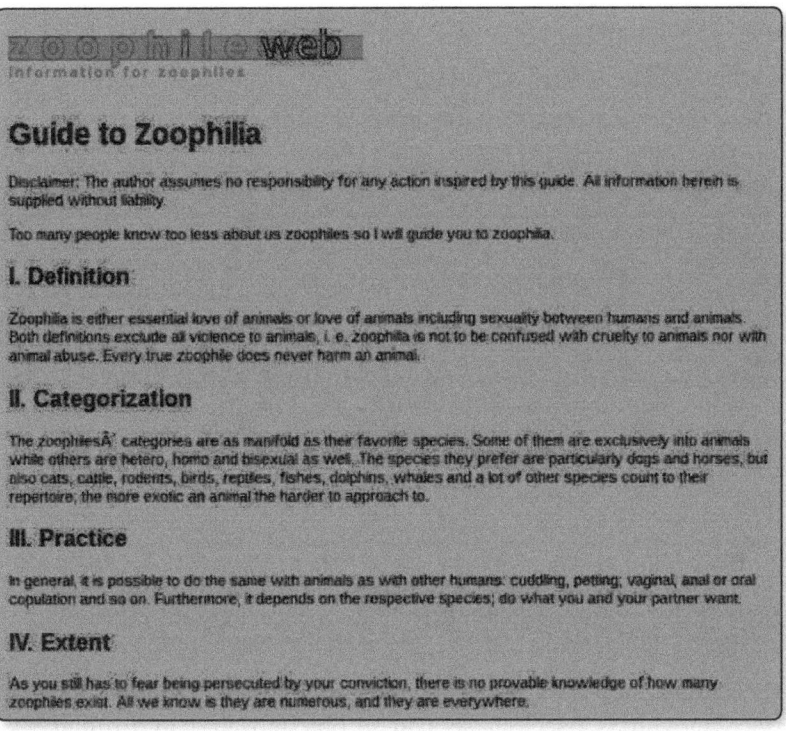

Figura 78. Captura de página de zoofilia. Fuente propia.

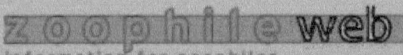
Information for zoophiles

How To: Dolphins

Introduction

People are often wonderingjust what the hell zoophilia is. Zoophilia is best described as a loveof animals so intimate that the person (and the animal) involved have noobjections to expressing their affection for each other in the sexual fashion.This does not include forcefully mating with an animal, without their consent,or with no mutual feelings whatsoever. This is something that I would neverdo to a dolphin, since I love them dearly, and treat them with the samerespect that an honest husband would have for his wife and children.

Dolphins are very intelligent, highly emotional and expressive creatures.They enjoy the company of humans, and if a relationship develops betweena human and a dolphin, as has happened with me, they will, on occasion,wish to express their trust and affection for you in the most direct way;through mating, or sex-play. You see, dolphins do not use sex purely forprocreative reasons. They use it as a way of strengthening the bonds betweenpod mates (mothers and calves included), and also for fun. Dolphins andhumans share this common trait with very few other animals, so sometimesit makes me wonder when people continue to ask me "How DO you matewith a dolphin?". Easy. Let the dolphin tell you! Well, here is aselection of questions people have asked me, so I hope this sheds somelight on the subject...

B) Mating With Dolphins

Q1) How do I tell a male dolphin from a female one?

A1) Probably the most common question I get asked. There are 2 waysof determining the sex of a dolphin. The most obvious way is to take apeek under the peduncle (the long part of the body connected to the tailflukes). On the dolphin's belly, directly opposite the dorsal fin, willbe the umbilicus, or the navel of the dolphin. Looking further down towardsthe tail, you start to see the differences. Male dolphins have two separateslits for the penis (the urogenital opening) and the anus. These are separatedby a bridge of skin. The male's urogenital opening is generally locatedfurther up the belly, towards the navel.

Females, on the other fin, have one continuous larger slit, the anuslocated at the end of it. On either side of the genital slit, you willfind two smaller slits; these are the mammary slits, where the nipplesof the dolphin are kept for feeding the calves. The slit is also locatedcloser to the tail stock of the dolphin. The other way to determine thesex of a dolphin, if you can't reach their belly, is to look at their mellon,or head. The males tend to have a fatter, rounder mellon, while the femalesare more sleek and streamlined.

Q2) How do I know if a dolphin wants to have sex?

A2) There are various ways a dolphin has of showing that she or he isinterested in sex. Males are probably the easiest to detect. They willswim around, sporting an erection (anywhere between 10 to 14 inches longfor a

Figura 79. Captura de página de zoofilia. Fuente propia.

Lo último que veremos en este nivel de la DN será la siguiente página que, sin exponer fotografías relacionadas con su objetivo, invitan y difunden un claro mensaje sobre el abuso de menores.

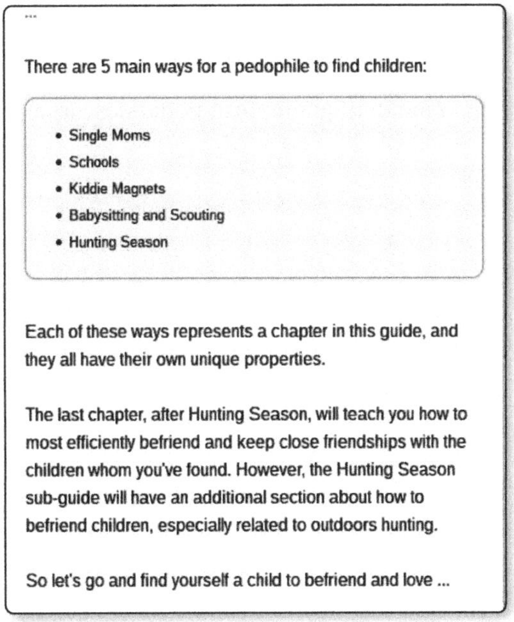

...

There are 5 main ways for a pedophile to find children:

- Single Moms
- Schools
- Kiddie Magnets
- Babysitting and Scouting
- Hunting Season

Each of these ways represents a chapter in this guide, and they all have their own unique properties.

The last chapter, after Hunting Season, will teach you how to most efficiently befriend and keep close friendships with the children whom you've found. However, the Hunting Season sub-guide will have an additional section about how to befriend children, especially related to outdoors hunting.

So let's go and find yourself a child to befriend and love ...

Figura 80 Captura de página sobre menores. Fuente propia.

Easy Access to Kids

If you find the right single mom, whom trusts you enough to leave you alone with her children, you will gain easy access to children for any level of child love practice; even babies and toddlers, which otherwise would be pretty hard to access.

It may be a poor and hardworking single mom with bad looks, who works shifts, leaving you often home alone in her trailer park home, with her children, even through nights.

Being left alone with her children will usually happen anyway, with enough time of building confidence and trust.

No Legal Attachments

If the relationship doesn't turn out like you wanted it to, or you just want something new after while, like new, fresh and younger kids, it will be easy to leave them and start all over.

Without any true responsibilities nor legal obligations towards the family, it is just to say goodbye whenever you see fit, and you won't have to see them ever again.

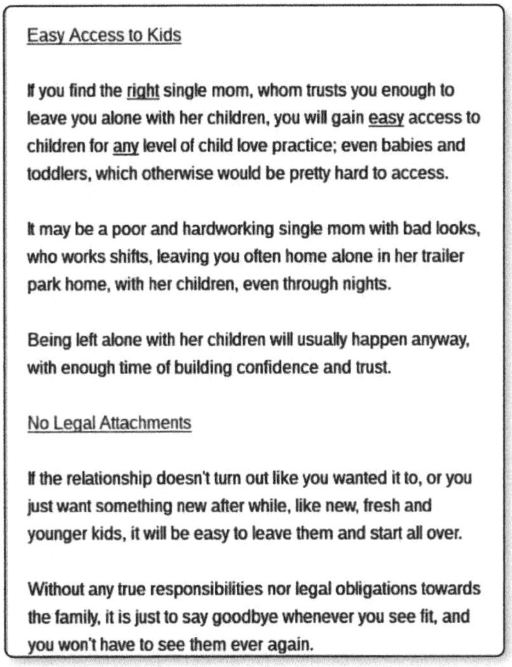

Figura 81. Captura de página sobre menores. Fuente propia.

Los anteriores recortes narran las opciones que tiene un delincuente a la hora de acceder a un menor de edad, haciendo hincapié en el hecho de establecer un vínculo amistoso con la posible y futura víctima. Estas capturas apenas reflejan dos fragmentos de un extenso manual que incluso podía descargarse en formato ".pdf".

## 5

MÁS ALLÁ DE LA DEEP WEB
ZONA HADAL (6000 MS. - 11000 MS. DE PROFUNDIDAD)

Hadal es una palabra francesa que significa "lugar de la muerte", haciendo alusión a su vez al dios griego de los infiernos, Hades, y su séquito del inframundo; estamos en terreno poco explorado, y solo algunos valientes han llegado hasta aquí.

Hemos descendido tanto que ya tocamos nuevamente suelo firme, pero seguimos entre la más indómita oscuridad. Quizás solo en las fosas más profundas de la tierra podamos vernos cara a con el Kraken 2.0.

Demos el último paso de fe y adentrémonos en territorio desconocido.

5.1 MÁS ALLÁ DE LA OSCURIDAD

Para trascender a la propia oscuridad debemos vencer todo miedo y renacer de la catarsis con un pensamiento renovado.

En la zona abisal nos hemos encontrado con auténticos monstruos de carne y hueso, un baño de realidades que han puesto a prueba nuestros principios sociales, éticos y morales. Pero aquí nos enfrentamos a otra cosa distinta, nos medimos ante lo intangible, a los mitos y leyendas hechas del mismo material que las pesadillas; en ocasiones podemos creer que estamos cerca de conocerlas, pero vuelven a escabullirse cada vez que intentamos abrir los ojos.

Ir más allá de la oscuridad pondrá nuestra cordura al límite, y sin mayores pruebas que las sensaciones que uno pueda experimentar, narraremos lo que supuestamente aquí acontece; porque el verdadero monstruo puede que se alimente de tu imaginación o tal vez sea más real de lo que aparenta.

5.2 EL MITO DEL EJÉRCITO FANTASMA

Una de las mitologías que podemos encontrar sobre DN es que las profundidades se encuentran custodiadas por bases militares ocultas; a favor de esta hipótesis, debemos confirmar la existencia de un control policial desplegado en zona Abisal para protegernos al común de los ciudadanos, pero el pensamiento de que el fondo absoluto esté constituido por páginas militarizadas es algo que hoy en día no se puede demostrar. Los defensores de la conspiración buscarán confirmar el mito basándose en un simple juego de rol donde el más hábil de los buceadores resulta ser el elegido para formar parte de una élite del espionaje, representando la red Tor una plataforma perfecta para reclutar talento tecnológico, aunque también dicen las malas lenguas que toda persona que llegue a los niveles más bajos de la DN será eliminado por el mero hecho de haber acumulado conocimiento y representar así un verdadero riesgo tecnológico en persona.

No escasea tampoco la distorsión sobre cómo funciona realmente la DN a estos niveles, factor que arroja aún más confusión al público general; son muchos los usuarios que promulgan el funcionamiento interno en base a seis supuestas capas donde la quinta está destinada a salvaguardar secretos militares, pero se trata de intoxicación de información, manipulación de la verdad y/o fantasía.

Especulaciones aparte, el verdadero nexo de la DN con el ámbito militar lo encontramos en el germen de esta red profunda, surgiendo en sus inicios como un proyecto del Laboratorio de Investigación Naval (NRL) cuyo principal objetivo era el proporcionar el anonimato al personal militar de los EE.UU. que realizaba operaciones en el extranjero[35]. Pero, así como los diversos cuerpos policiales siguen incansablemente todo rastro de mercado negro en la DN *¿cuál es entonces la relación actual del ejército con este peculiar submundo?*

La respuesta la encontramos en las divisiones antiterrorista, o de ciberterrorismo, cuya mecánica es descrita al detalle por el Consejo de Investigación Científica e Industrial (CSIR) de Sudáfrica (2017):

"Obtener conocimiento sobre el adversario conducirá a recopilar información y definir el objetivo (organización ciberterrorista) y su infraestructura utilizando la metodología Cyberterrorist Kill Chain dirigido a la web profunda y oscura. Del mismo modo, la organización terrorista (...) puede usar ciberterroristas para lanzar ciberataques contra la Infraestructura Crítica Nacional (NCI), la Infraestructura de Información Crítica (CII), las Redes Sociales (SM) y los Medios, así como otros sitios cibernéticos para infligir destrucción por el efecto del miedo y el terror, a través de la Web profunda y oscura (...) Sin embargo, la respuesta cibernética se determinará como parte de la operación militar antiterrorista. La captura de terroristas cibernéticos no se limita a las fronteras de las naciones. El concepto de aumentar la operación militar antiterrorista con el uso de operaciones cibernéticas contra el terrorismo se muestra en la Figura 82*"[36]*

De lo anterior se deduce que la guerra contra el terrorismo se libra actualmente en escenarios virtuales tales como las redes sociales o en este caso la DN, donde existen foros y páginas destinadas a la propaganda de grupos extremistas, videos de ejecuciones y manuales para fabricar armas caseras o explosivos; no por nada se han hecho llamamientos públicos para hacer frente a amenazas tecnológica atrayendo a expertos en ciberseguridad que aportasen pericia a las Fuerzas Armadas.[37]

En España el órgano militar responsable de la planificación y la ejecución en materia de ciberdefensa es el Mando Conjunto de Ciberdefensa (MCCD)[38], en cuyo cometido se remarca:

35 NPR. (2014). Going dark, the Internet behind the Internet? Recuperado de: https://www.npr.org/sections/alltechconsidered/2014/05/25/315821415/going-dark-the-Internet-behind-the-Internet?t=1588443219014

36 Consejo de Investigación Científica e Industrial. (2017). Recuperado de: https://researchspace.csir.co.za/dspace/bitstream/handle/10204/9261/Aschmann_18774_2017.pdf?sequence=1

37 ABC. (2018). España fichará a 2.000 hackers y expertos civiles contra las ciberamenazas. Recuperado de: https://www.abc.es/espana/abci-espana-fichara-2000-hackers-y-expertos-civiles-contra-ciberamenazas-201801140302_noticia.html

38 MCCD. https://emad.defensa.gob.es/unidades/mccd/

"Ejercer la respuesta oportuna, legítima y proporcionada en el ciberespacio ante amenazas o agresiones que puedan afectar a la Defensa Nacional". [39]

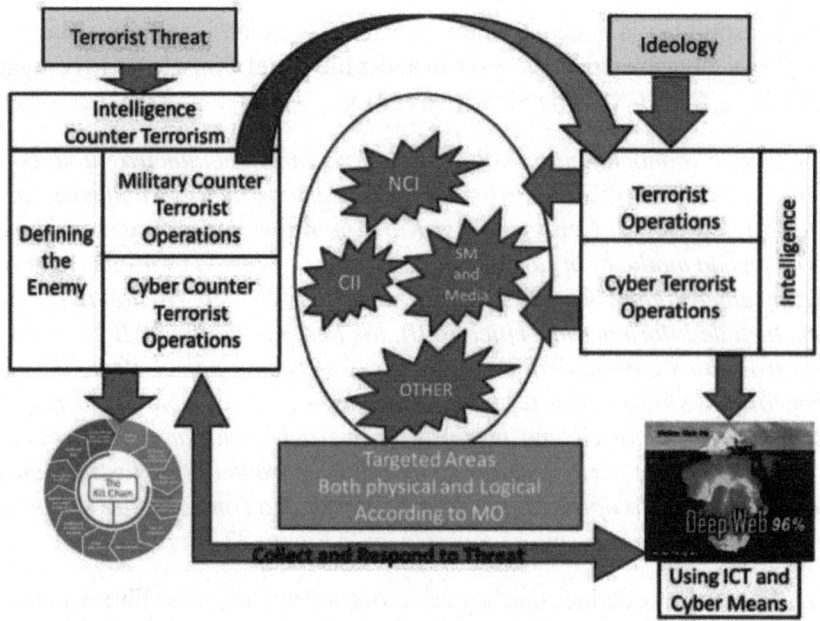

Figura 82. Diagrama de cómo se vinculan las operaciones militares cibernéticas contra el terrorismo. https://researchspace.csir.co.za/dspace/bitstream/ handle/10204/9261/Aschmann_18774_2017.pdf?sequence=1.

Por tanto, y a pesar de la mitología extendida por la red, no hallaremos en las profundidades indicio alguno que relacione a los cuerpos militares en extrañas desapariciones, así como tampoco portales web con desafíos criptográficos a modo de *capture the flag*, más si existe un mínimo de control en la DN es precisamente gracias al trabajo encomiable de las fuerzas del estado por mantenernos a salvo al conjunto de la sociedad.

---

39   MCCD. Cometido. Recuperado de: https://emad.defensa.gob.es/unidades/mccd/

5.3 LA FOSA DE LAS MARIANAS

En 1960, Jacques Piccard y Don Walsh descendieron 10.911 metros hasta alcanzar la Fosa de las Marianas[40], la depresión del fondo marino más profunda de la tierra. La fosa mide aproximadamente 2.550 km de largo y 69 km de ancho, y aunque su punto máximo de profundidad (Abismo de Challenger) se encuentra oficialmente situado a 10.994 kms, existen mediciones que indican que puede alcanzar los 11.034 metros de profundidad.

Las Islas Marianas son barreras naturales para la mayoría de los ser vivos donde apenas sobreviven animales de estirpe prehistórica y microorganismos. Para la mayoría de los investigadores, siempre representarán una fuente inagotable de inspiración y de enigmas, pues el trabajo de campo pareciera estar destinado a unos pocos aventureros.

En nuestra particular zona Hadal ¿qué simbolizan las fosas de la Marianas?

Engendradas por la histeria colectiva, y muchas veces por la desinformación, las Marianas han emergido a la SW conteniendo en sí una de las grandes leyendas que despiertan expectación e intriga a todo iniciado. Los antiguos navegantes siempre advirtieron de su existencia y otros tantos repiten el viejo mantra, pero la realidad se cubre una vez más con un halo de misterio. En la Figura 83 vemos un esquema comúnmente expandido sobre las capas de la DW, hallándose las Marianas en un último nivel.

Por añadidura se oye comentar acerca de dos icónicas webs que formarían la composición atómica de las Mariana Web: Zion y la Liberté, y es que también se suele argumentar que las Marianas son "invisibles" o inalcanzables dado que se encuentran bajo control gubernamental.

Pero *¿existen realmente las Marianas Web?*, y en tal caso *¿se encuentran en Tor o representan una simple VPN hacia un servidor privado?*

Para que el lector tome sus propias conclusiones vamos a exponer las principales pistas que circulan tanto en SW como en DW.

---

40 ABC. (2010). Jacques Piccard, el hombre que descendió a las profundidades de la Tierra. Recuperado de: https://www.abc.es/20100124/historia-/jacques-piccard-record-marianas-201001242214.html

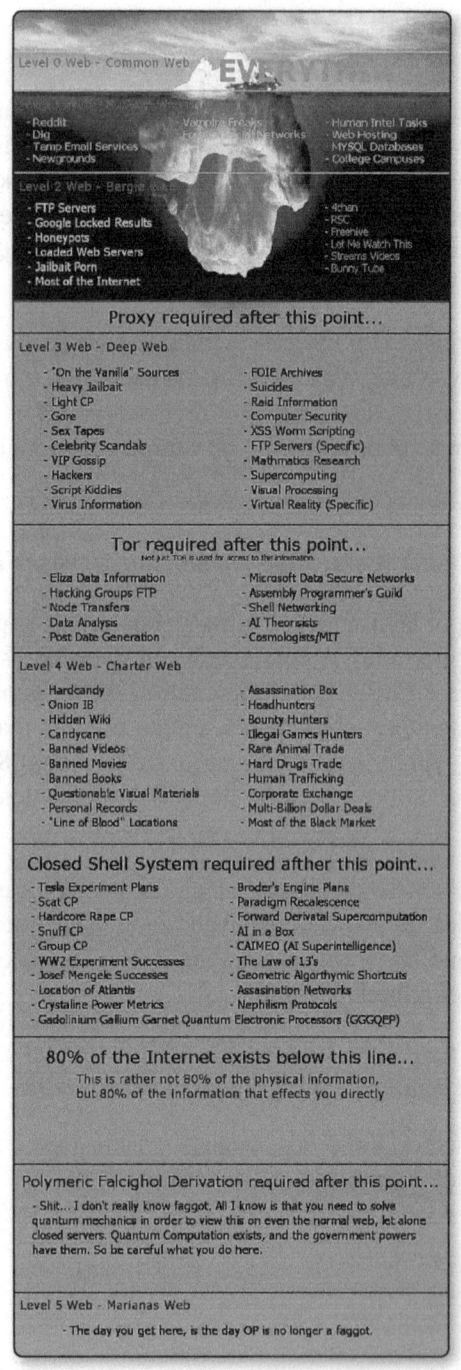

Figura 83. Imagen de supuesta composición de la DW. https://i0.kym-cdn.com/photos/images/newsfeed/000/471/495/ec6.png

5.3.1 Dominios adicionales

Parte de la leyenda sobre las fosas Marianas se aferra a la existencia de otros dominios independientes al ya conocido ".onion", siendo estos ".loki" y ".clos".

Lo cierto es que existen muchos foros de discusión al respecto donde se exponen listados de supuestos dominios de las fosas Marianas, pero nadie o casi nadie se atreve a aclarar cómo acceder a los mismos; en este sentido debemos romper otro mito, y es que desde Tor (y sin mecanismos adicionales), no es posible consultar dominios que no sean ".onion" o los propios de la SW.

Adicionalmente, y para dotarle de mayor épica, diversos usuarios condimentan la leyenda con confusas indicaciones de acceso, sobre la necesidad de instalar ficheros ejecutables en el equipo o modificar un fichero del sistema.

Dominio	Categoría
###W6EQs.loky	Emails robados
###5c84x.loky	Area 51
###TKJVa.loky	Experimentos humanos
###1uSrP.loky	Torturas online
###9tOvU.loky	Mensajes subliminales
###cnqhopqmeltucy###.clos	Asesinatos
###6j8t66t4jhbn9ik###.clos	Tráfico de órganos
###njfheyu5clq9ia7###.clos	Información clasificada
qkcindg61o95g67a5###.clos	Satanismo

Figura 84. Selección de supuestos dominios ".loki" con caracteres suprimidos mediante símbolo "#". Fuente propia.

¿Técnicamente sería viable la existencia de dominios ".clos" y ".loki"?

Antes de responder a esta cuestión vamos a acceder a la base de datos de iana.org[41], una autoridad mundial en la asignación y supervisión de IPs, sistemas autónomos, DNS y otros protocolos de Internet. En la base de datos de iana.org buscaremos las extensiones o TLDs de las Marianas para conocer de antemano si están publicadas.

_____

41   Iana.org. http://www.iana.org/domains/root/db

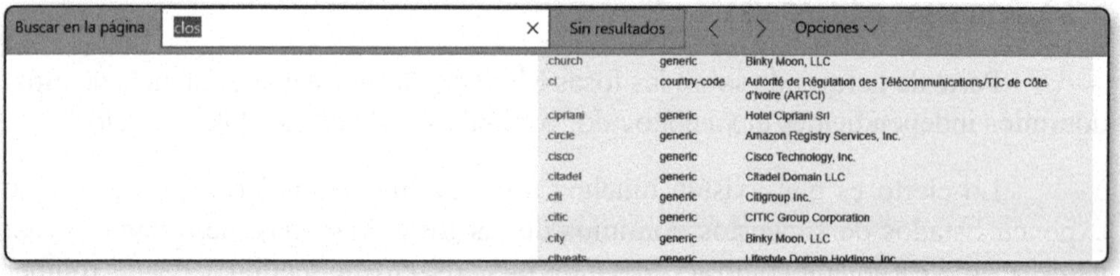

Figura 85. Captura de búsqueda de dominio ".clos" en iana.org. http://www.iana.org/domains/root/db

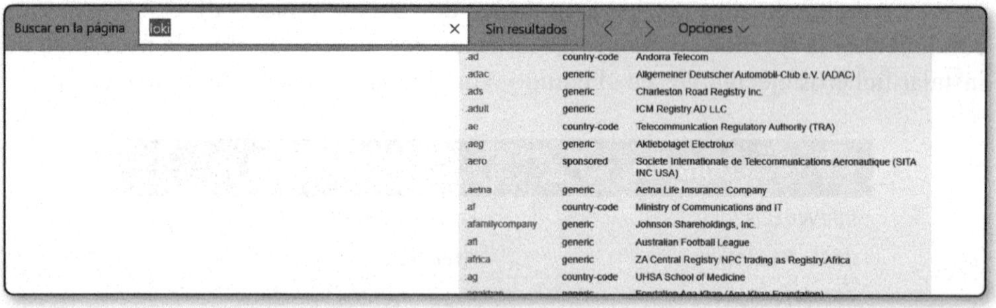

Figura 86. Captura de búsqueda de dominio ".loki" en iana.org. http://www.iana.org/domains/root/db

Como era de esperarse, no se han encontrado coincidencias entre los más de 1.200 registros que componen la base de datos pública de iana.org, pero sigue sin representar una evidencia que descarte o confirme la leyenda de los dominios en las Marianas; por ejemplo, si hacemos ahora una búsqueda por el dominio ".onion" tampoco tendremos éxito, aunque no significa que no exista.

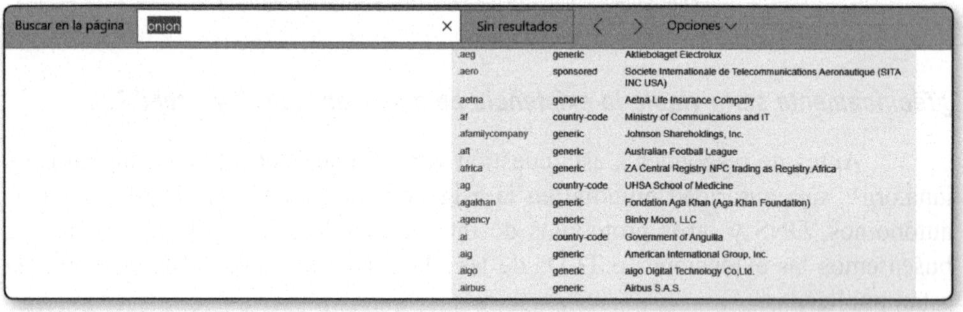

Figura 87. Captura de búsqueda de dominio ".onion" en iana.org. http://www.iana.org/domains/root/db

Que el anterior dominio no figure en la base de datos se debe precisamente a que no se encuentra registrado en ICANN (Corporación de Internet para la Asignación de Nombres y Números) como nombre de empresa, nombre genérico, dominio patrocinado (sTLD), etc. sino que se trata de un pseudodominio de nivel superior generado a conciencia para no depender del DNS, el cual se encarga que de traducir una dirección IP a un nombre de dominio; por el contrario, y como ya sabemos, Tor funciona mediante navegación a través del sistema de una red de *proxies*.

En base los anteriores criterios, podemos deducir que los dominios ".clos" y ".loki" pueden tener cabida en un contexto de redes privadas a las cuales se accede mediante una conexión vpn, en concreto ChaosVPN, según dejan constancia los usuarios "experimentados", algo que tendría sentido si tenemos presente los rumores sobre la necesidad de instalar alguna aplicación adicional para poder acceder a los servicios ocultos.

Sea como fuere, este no deja de ser un ejercicio más por arrojar luz sobre los dominios de las Marianas, siempre desde el prisma técnico, pero seguimos caminando en círculos sobre meras suposiciones hechas por terceros y, por si esto fuera poco, cuanto más indaga uno sobre esta realidad alterna, más ejemplares suma a su lista de presuntos dominio, aunque esta vez poco extendidos en la cultura popular y en otros libros sobre DW, como puede ser el caso de dominios ".dafy" y ".nept".

5.3.2 La liberté

La liberté representa aquella quimera que todo curioso sobre DW busca hallar cuando incursiona en estas capas de Internet, pero pareciera representar un espejismo, un sueño *¿o es que quizás alguien pudo demostrar su existencia?* Hablamos aquí de un portal donde supuestamente converge la fauna más inverosímil e irracional de toda la DW; vídeos de violencia extrema, incluyendo violencia de género, violencia contra animales, videos de ejecuciones (presentes en muchas páginas de la DN), muertes en vivo, etc.

Para acceder a la liberté nos encontramos una vez más ante el silencio absoluto que se rompe muy de vez en cuando por algún que otro sonido distorsionado; son voces o escritos que pretenden comunicar pistas confusas más que hechos aclaratorios.

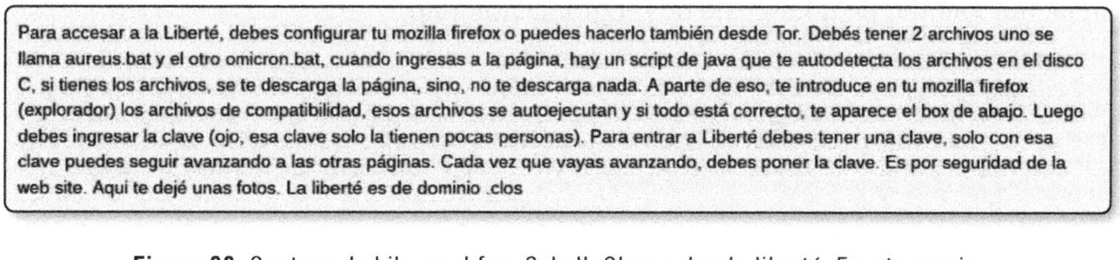

> Para accesar a la Liberté, debes configurar tu mozilla firefox o puedes hacerlo también desde Tor. Debés tener 2 archivos uno se llama aureus.bat y el otro omicron.bat, cuando ingresas a la página, hay un script de java que te autodetecta los archivos en el disco C, si tienes los archivos, se te descarga la página, sino, no te descarga nada. A parte de eso, te introduce en tu mozilla firefox (explorador) los archivos de compatibilidad, esos archivos se autoejecutan y si todo está correcto, te aparece el box de abajo. Luego debes ingresar la clave (ojo, esa clave solo la tienen pocas personas). Para entrar a Liberté debes tener una clave, solo con esa clave puedes seguir avanzando a las otras páginas. Cada vez que vayas avanzando, debes poner la clave. Es por seguridad de la web site. Aquí te dejé unas fotos. La liberté es de dominio .clos

Figura 88. Captura de hilo en el foro CebollaChan sobre la liberté. Fuente propia.

Si prestamos atención a la Figura 88, vamos a encontrarnos con el mismo escenario que veíamos en el capítulo anterior "dominios adicionales"; una serie de instrucciones que recurren de nuevo a la necesidad de instalar componentes externos en el equipo; pero vamos a analizar el mensaje desde un punto de vista crítico para ver que encontramos de interesante en él.

▼ Primera instrucción: *obtener dos archivos ".bat" llamados "aureaus.bat" y "omicron.bat".*

Los archivos ".bat" son ficheros ejecutables interpretados por Windows y suelen utilizarse para automatizar una tarea o modificar algún parámetro del sistema a golpe de "click" sin que el usuario necesite conocer el lenguaje de programación. Pero ¡Cuidado! en mis primeros pasos dentro del mundo de la ciberseguridad tuve el gusto de ver en primera persona el funcionamiento interno de muchos malwares conocidos como worms (del inglés "gusano") que estaban generados con el mismo lenguaje de programación.

Partiendo de la supuesta existencia de dichos ficheros, podrían tener tanto una acción positiva como una negativa; si realmente las Marianas son una red privada o conjunto de redes privadas, entonces esos ficheros ".bat" servirían para configurar el túnel VPN que nos lleve hasta la liberté aunque, por otra parte, podría tratarse de malware a la espera de ser descargado y ejecutado por algún usuario que anteponga sus emociones a la propia seguridad de los datos.

▼ Segunda instrucción: *en la página web hay un complemento de java que te detecta si tienes instalado los ficheros que necesitas, en caso contrario no te deja acceder al portal.*

Si tomamos como referencia la Figura 90, que es presumiblemente la única imagen de la existencia de la liberté, veremos cómo, en efecto, se enumeran en rojo una sucesión de datos de navegación, de sistema y los archivos ".bat" nombrados anteriormente.

Obtener el origen de acceso es algo a lo que estamos acostumbrados cuando visitamos ciertas páginas web, implementarlo sería tan sencillo como utilizar la siguiente función para lenguaje de programación php.

```php
<?php

function getIP()

{

if (isset($_SERVER["HTTP_CLIENT_IP"]))

{

return $_SERVER["HTTP_CLIENT_IP"];

 } elseif (isset($_SERVER["HTTP_X_FORWARDED_FOR"]))

{ return $_SERVER["HTTP_X_FORWARDED_FOR"];

} elseif (isset($_SERVER["HTTP_X_FORWARDED"]))

{ return $_SERVER["HTTP_X_FORWARDED"];

} elseif (isset($_SERVER["HTTP_FORWARDED_FOR"]))

{ return $_SERVER["HTTP_FORWARDED_FOR"];

} elseif (isset($_SERVER["HTTP_FORWARDED"]))

{ return $_SERVER["HTTP_FORWARDED"];

} else { return $_SERVER["REMOTE_ADDR"];

}

}

?>
```

Figura 89. Función en PHP para obtener IP de navegación de un visitante. Fuente propia.

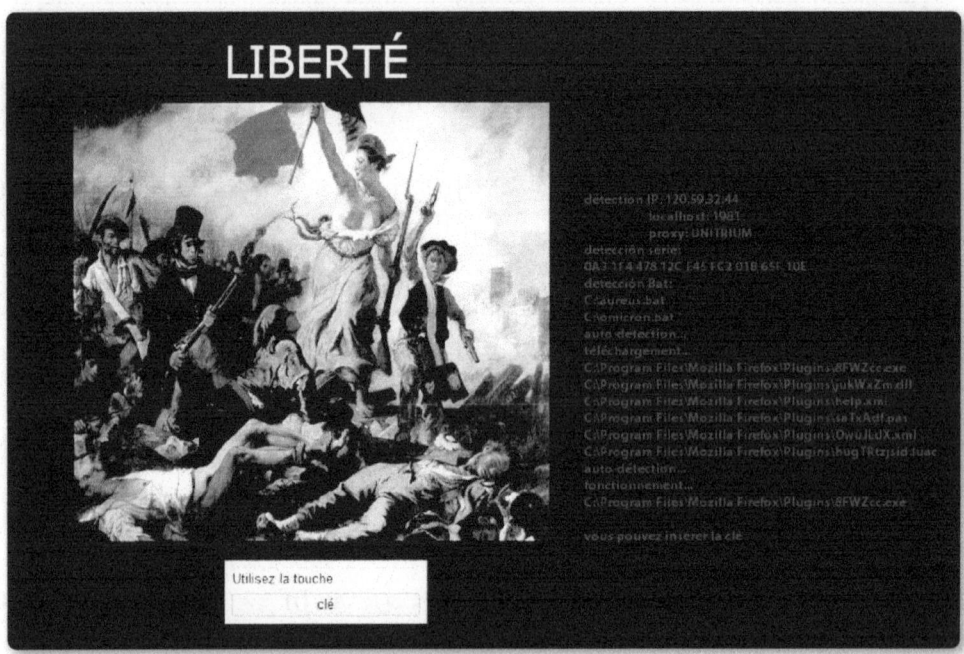

Figura 90. Supuesta imagen sobre la liberté. Fuente propia.

▶ Tercera instrucción: *en caso de que la información obtenida del usuario sea correcta, se habilitará un componente web para ingresar una contraseña.*

Ante todo, el mensaje no indica como obtener dicha contraseña, pero en caso de existir el portal de la liberté se podrían utilizar técnicas de inyección de código para obtener información directamente de la base de datos, o si se diese la coincidencia de que la contraseña estuviese *hardcodeada*, esto es, puesta a mano dentro de la propia página, podríamos acceder al código fuente para localizarla.

Con las instrucciones del usuario anónimo no podemos avanzar más en nuestro camino hacia la liberté, pero si volvemos otra vez a la Figura 90 hay algo que nos llama la atención inmediatamente y es el dato:

"proxy:UNITRIUM"

Esto nos da una última posible pista sobre el modo de acceso a la página de la liberté; para indagar aún más sobre la existencia de dicho proxy, hacemos una búsqueda de la cadena "unitrium" en Google mediante dorks, así como también en DW utilizando Torch, aunque para ambos casos no se obtienen resultados esclarecedores.

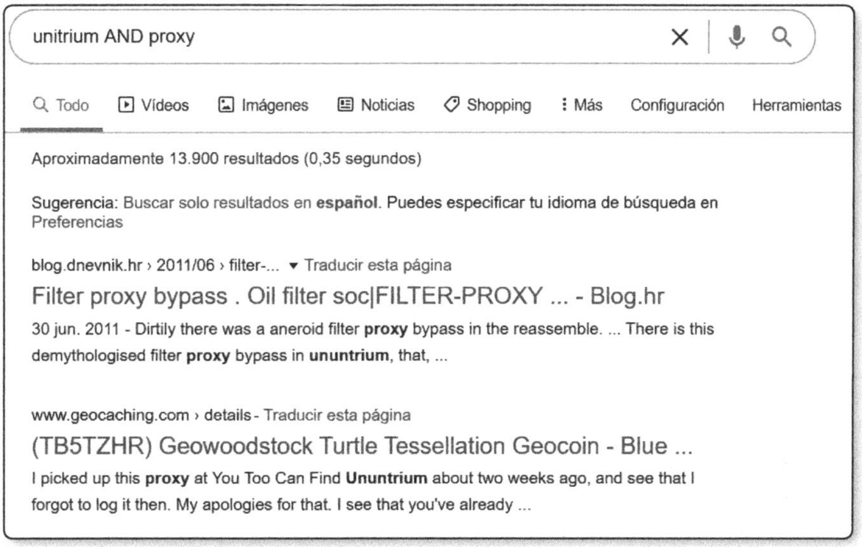

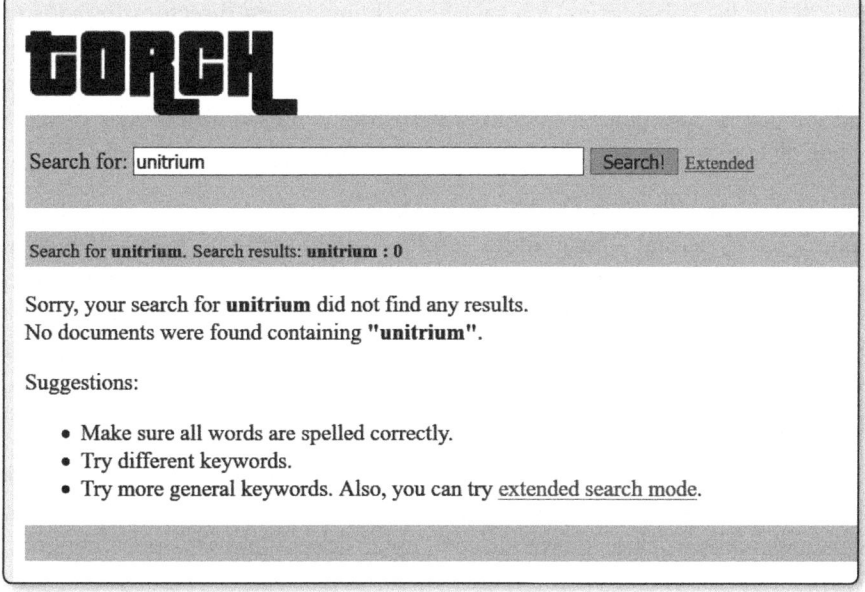

Figura 91. Búsqueda de proxy unitrium en Google. Fuente propia.

Figura 92. Búsqueda de proxy unitrium en Torch. Fuente propia.

Si en el caso de las redes militares subterráneas se hacía patente lo inverosímil de la situación, la existencia de un aparente portal web de la liberté nos permite confirmar o descartar la existencia de las Marianas, así como tampoco podemos descartar que existan servidores dedicados a la venta de órganos o al asesinato en vivo, tal como seguiremos explorando en nuestro siguiente apartado.

Una vez más, que la última palabra la tenga el propio lector.

5.4 LA LEYENDA DEL KRAKEN Y LA REDROOM

5.4.1 Introducción a RedRoom o DarkRoom

Mientras leíamos sobre las fábulas de las zonas militarizadas y las supuestas Islas Marianas, recortábamos los escasos metros que nos separaban del fondo absoluto de las páginas de DW; conteniendo el aliento entre el más inmenso de los silencios, nos aborda la extraña sensación de que nos encontramos definitivamente ante la extraña presencia del verdadero monstruo de Internet, del Kraken 2.0. Más aún, si existe una cueva cartografiada donde pueda habitar ese monstruo, esta es la conocida como RedRoom o DarkRoom, representando la esencia absoluta de la liberté y el fondo oceánico.

Según las habladurías, los sacrificios humanos en directo, ofertados en las RedRoom, se sirven del secuestro de una víctima por encargo y la posterior ejecución en directo, todo ello previo pago de sus espectadores. En este punto hay que remarcar que se trata de un asesinato a tiempo real, distinguiendo el objetivo de este tipo de servicios de la clásica grabación en vídeo y posterior venta.

Está claro que el contexto actual daría para el argumento de películas de ficción, y no es casual que grandes obras cinematográficas hayan bebido de la influencia de la DW para producir películas de terror; un caso relativamente reciente lo podemos hallar en la película Anarchy: la noche de las bestias[42], donde se puede apreciar cómo una élite poderosa logra capturar víctimas para ser sacrificadas en plena oscuridad, mientras los verdugos acceden a la arena armados con visores nocturnos.

Tal y como se tiene constancia, la historia de la siguiente página comienza en el año 2015 en la DN, y ya para el 2017 logra expandirse a cuentagotas por la SW hasta la fecha de hoy. Es en cierto modo el único acceso que se conoce abiertamente

---

42   DeMonaco, J (director). (2014). The Purge: Anarchy. Estados Unidos: Blumhouse Productions.

para consumir asesinatos en directo, pero debemos caminar con pie de plomo y asegurar cada paso que damos. Hagamos entonces una deconstrucción sobre nuestro Kraken 2.0, las supuestas habitaciones rojas.

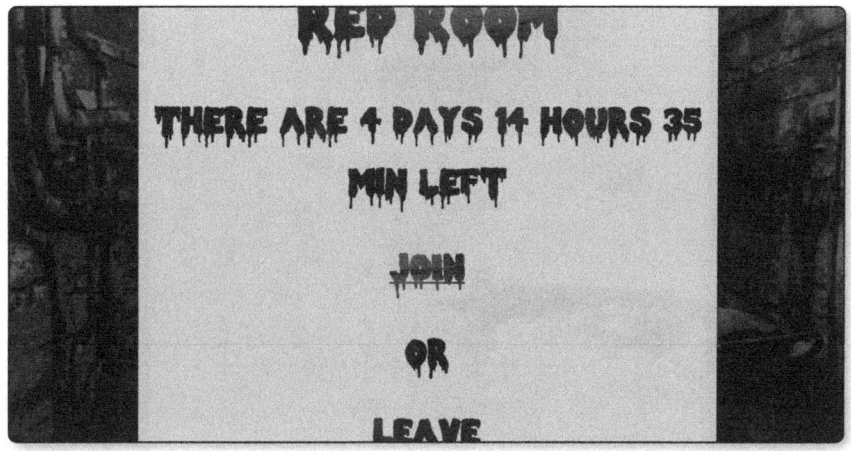

Figura 93. Captura de RedRoom. Fuente propia.

Lo primero que apreciamos en la página es un contador regresivo, cuando se tomó la captura de la Figura 93 restaban 4 días, 14 horas y 35 minutos para que ocurriese algo en la página web. El mensaje es rematado con un "unirse o abandonar". Como fondo se puede observar una imagen en rojo con una camilla como protagonista y, a juzgar por el estilo de ilustración, probablemente pertenezca a un videojuego; analizaremos la imagen más adelante.

Emulando ser un usuario interesado, accedemos al contenido "join" y se nos presenta más información sobre el objeto (Figura 94). El primer mensaje que obtenemos ahora es "*Forma parte en esta experiencia que se da una vez en la vida*", y a continuación se listan tres roles o afiliaciones con sus respectivos precios.

- *Espectador: solo puede observar. Con un coste de 0.1 BTC (862,13 € a fecha de 05/2020)*

- *Comandante: puede ser el maestro. Con un coste de 1 BTC (8619,55 € a fecha de 05/2020)*

- *Maestro: puede ser gran maestro, rol que en principio está reservado. Con un coste de 2 BTC (17.239,11 € a fecha de 05/2020)*

Ahora bien *¿a qué se deben estos roles? ¿se trata de un juego?* De ser así *¿cuál es su dinámica?*

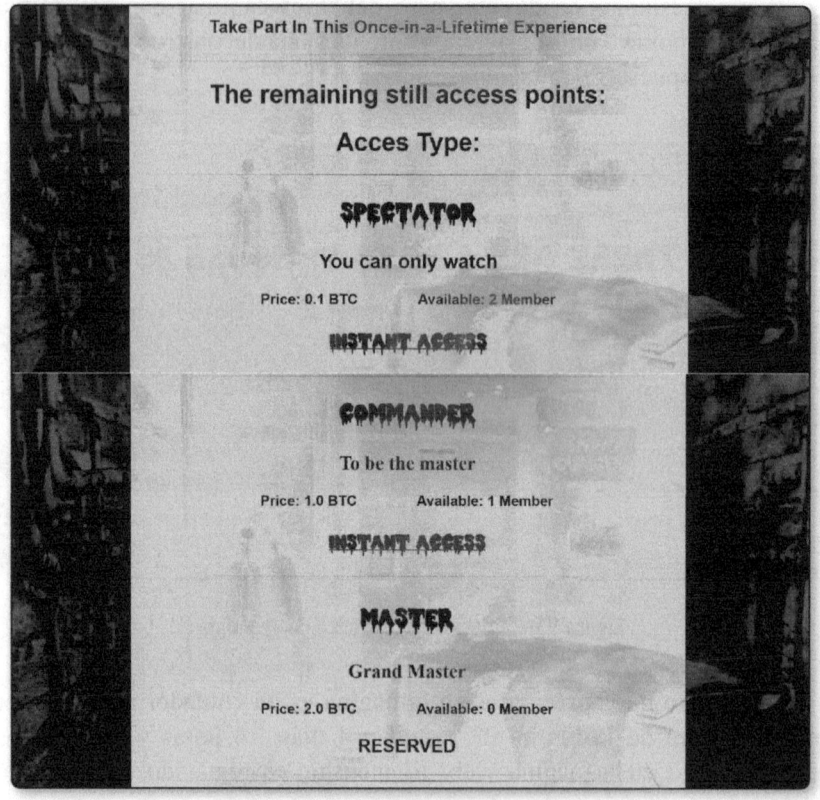

Figura 94. Captura de RedRoom en apartado Join. Fuente propia.

Para conseguir una respuesta sobre el objeto y las instrucciones de la RedRoom, expondremos a continuación un conjunto de evidencias extraídas del cuaderno de bitácoras de un buceador que ha decidido atesorar los mensajes que emitidos por web en sus orígenes.

5.4.2 El objetivo

Una suerte de afiche inicial proclamaba en voz alta:

"¡Puedes ser un espectador!"

El mensaje era rematado con una advertencia referente a la limitación de la red Tor para transmitir videos en alta calidad y en directo (Figura 95); con el fin de brindar los servicios ante las carencias de Tor, se deja constancia de que el evento se llevará a cabo en las Marianas.

"(…) este evento no se transmitirá en TOR, porque TOR no es capaz de transmitir en vivo a una gran cantidad de 1080P, que es la resolución de pantalla mínima requerida para apreciar completamente la muerte.

En cambio, transmitiremos este sorprendente evento en la web de Mariana (...)"

Esto nos conduce nuevamente a reflexión sobre la naturaleza de las Marianas como parte de la DW, indicándonos en todo caso que se encuentra deslocalizada, cuando ya hemos realizado un ejercicio previo que nos permitió contemplar la posibilidad de representarlas bajo un entorno de redes privadas.

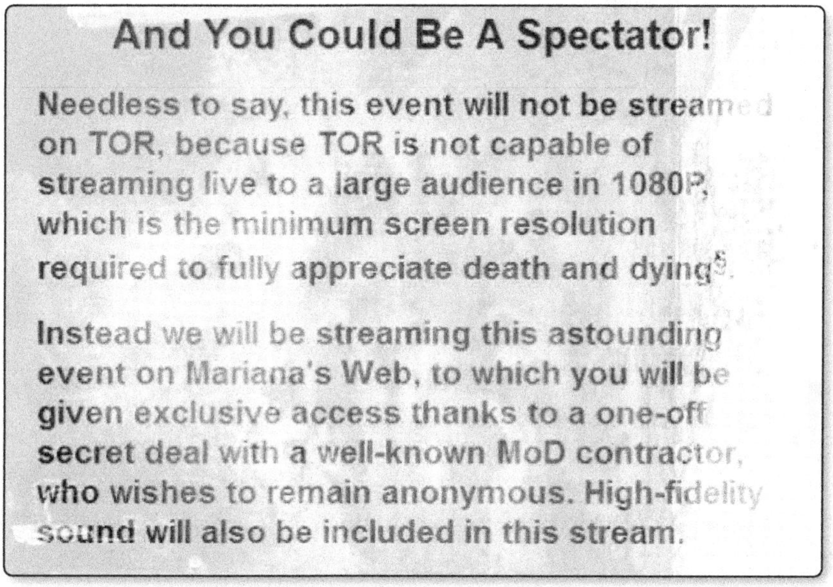

And You Could Be A Spectator!

Needless to say, this event will not be streamed on TOR, because TOR is not capable of streaming live to a large audience in 1080P, which is the minimum screen resolution required to fully appreciate death and dying[8].

Instead we will be streaming this astounding event on Mariana's Web, to which you will be given exclusive access thanks to a one-off secret deal with a well-known MoD contractor, who wishes to remain anonymous. High-fidelity sound will also be included in this stream.

Figura 95. Captura original de RedRoom. https://comunicacioncybermedios.files.
wordpress.com/2017/03/cybermedios-dark-red-room-deep-web-02.jpg

Ahondando aún más en las descripciones se encuentra un escalofriante testimonio en primera persona sobre la finalidad del video, como si un testigo hubiera querido dejar constancia para los clientes potenciales. (Figura 96)

"La chica fue conducida a la habitación con los ojos vendados. Creo que deben haberle dicho que esperara algo bueno, porque estaba sonriendo y riendo. Cuando se quitó la venda de los ojos, observó su entorno, y cuando notó las herramientas eléctricas en el banco de trabajo al lado de la silla del ginecólogo, su

sonrisa desapareció. Cuando el hombre enmascarado la agarró y la arrastró hasta la silla, se puso más o menos histérica.

Tengo que admitir que he tenido mi mano puesta sobre mis ojos en su mayor parte después de eso, pero sus gritos realmente no se detuvieron hasta aproximadamente tres cuartos de hora después."

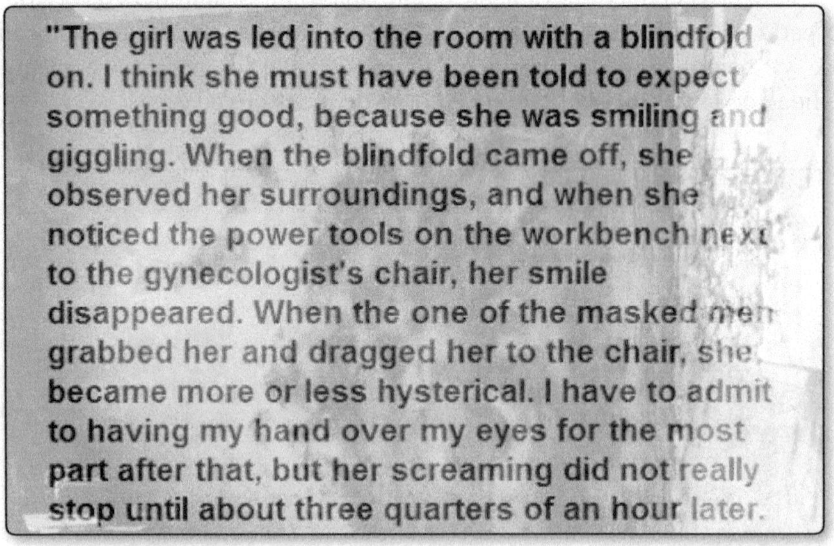

"The girl was led into the room with a blindfold on. I think she must have been told to expect something good, because she was smiling and giggling. When the blindfold came off, she observed her surroundings, and when she noticed the power tools on the workbench next to the gynecologist's chair, her smile disappeared. When the one of the masked men grabbed her and dragged her to the chair, she became more or less hysterical. I have to admit to having my hand over my eyes for the most part after that, but her screaming did not really stop until about three quarters of an hour later.

Figura 96. Captura original de RedRoom. https://comunicacioncybermedios.files. wordpress.com/2017/03/cybermedios-dark-red-room-deep-web-03.jpg

Por último, se reflejaban una serie de fechas pasadas, presumiblemente del año 2016:

- ▼ *25 de junio*
- ▼ *20 de agosto*
- ▼ *22 de octubre*
- ▼ *17 de septiembre*

Las anteriores fechas daban paso a la información referente al próximo evento online (Figura 97). Retomaremos este punto más adelante para hacer un seguimiento al contador regresivo desde una imagen más actual.

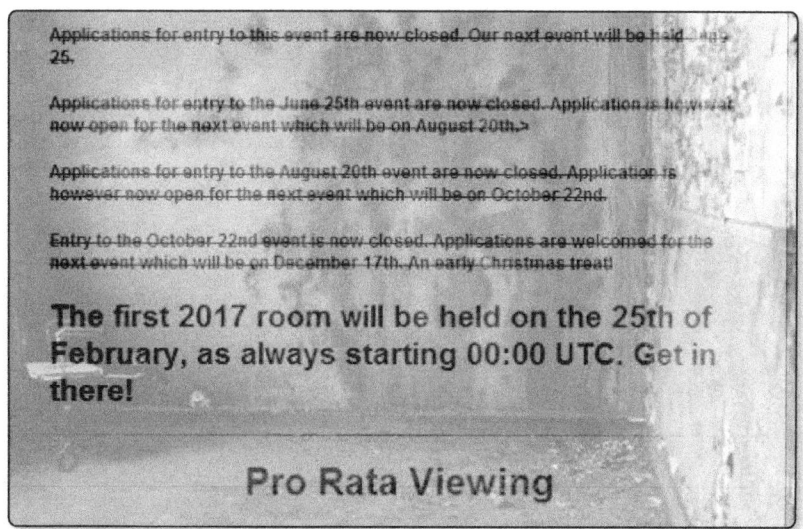

Figura 97. Captura original de RedRoom. https://comunicacioncybermedios.files. wordpress.com/2017/04/cybermedios-dark-red-room-deep-web-17.jpg

5.4.3 La imagen enigmática

Volvamos unos pasos atrás y prestemos atención a la imagen roja de la página principal. (Figura 94)

El gráfico en cuestión representa el fondo de la página web, y si intentamos descargarlo no podremos pues el sitio contiene unos códigos *scripts* que están protegiendo el portal contra la copia de contenido; que exista este tipo de prohibiciones no significa que nos denieguen el acceso al código fuente estático, así que a continuación vamos a probar suerte visualizando el esqueleto de la página web. Al tratarse de una página básica nos lleva pocos segundos encontrar el nombre de la imagen bajo la denominación "666" (Figura 98).

Una vez conocida, y con un poco de suerte, acceder a la imagen original no resulta tan complejo, solo es necesario adjuntar el nombre de la imagen que figura en el código en el navegador de Tor y podemos acceder a la misma (Figura 99).

Figura 98. Captura de código fuente de RedRoom. Fuente propia.

Figura 99. Imagen de fondo de RedRoom. Fuente propia.

Ahora que tenemos la imagen en nuestro equipo, cabe preguntarnos *¿qué información útil podemos obtener?* A simple vista nos encontramos ante un sugerente mensaje, pero más allá de la propia descripción visual pocos datos nos proporciona; para intentar sacar el máximo de información posible vamos a recurrir a diseccionar la anatomía de la imagen y así lograr conocer cómo, quien, y donde fue creada; esta información añadida podemos conseguirla gracias a una peculiaridad intrínseca de los ficheros digitales denominada metadatos, aunque no siempre resulta factible. Metadatos significa, literalmente, "más allá de los datos" y al igual que sucede con los índices, ayudan a localizar otros datos mediante la información estructural y técnica contenida en los mismos.

Podemos encontrar metadatos tanto en imágenes como en este propio libro si lo tuviésemos disponible en formato digital *y ¿qué tipo de información pueden proporcionarnos los metadatos?* Pueden brindaros, por ejemplo, la fecha de creación, el autor, el origen o fuente generadora, la localización geográfica, etc.

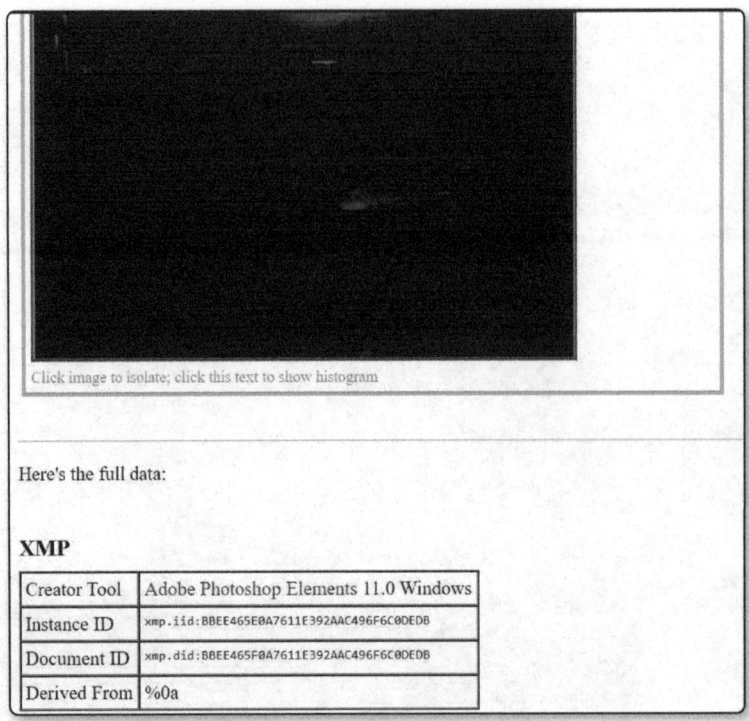

Click image to isolate; click this text to show histogram

Here's the full data:

XMP

Creator Tool	Adobe Photoshop Elements 11.0 Windows
Instance ID	xmp.iid:BBEE465E0A7611E392AAC496F6C0DEDB
Document ID	xmp.did:BBEE465F0A7611E392AAC496F6C0DEDB
Derived From	%0a

Figura 100. Captura de metadatos de RedRoom. Fuente propia.

JFIF

JFIF Version	1.01
Resolution	72 pixels/inch

File — basic information derived from the file.

File Type	JPEG
MIME Type	image/jpeg
Exif Byte Order	Big-endian (Motorola, MM)
Encoding Process	Progressive DCT, Huffman coding
Bits Per Sample	8
Color Components	3
File Size	333 kB
File Type Extension	jpg
Image Size	1,400 × 1,050
Y Cb Cr Sub Sampling	YCbCr4:4:4 (1 1)

Figura 101. Captura de metadatos de RedRoom. Fuente propia.

Por desgracia, los metadatos de la imagen de fondo poca información significativa nos han reportado; en esta dirección, podemos apreciar que el gráfico fue generado con Photoshop funcionando sobre un sistema Windows, pero no hemos podido obtener datos identificativos (nombres o localizaciones).

Como no nos rendimos fácilmente, y mucho menos tras haber descendido hasta las entrañas del océano, vamos a realizar una nueva búsqueda, aunque esta vez será con una herramienta más usual: Google images[43]. Con el uso de Google images se pretende encontrar patrones en la SW, páginas que hagan alusión a dichas coincidencias. Con todo ello, lo primero que notamos al subir la imagen es que Google ya es capaz de relacionarla automáticamente con los términos "red room dark web" y es capaz de resolver cincuenta y tres resultados en seis páginas distintas (Figura 103).

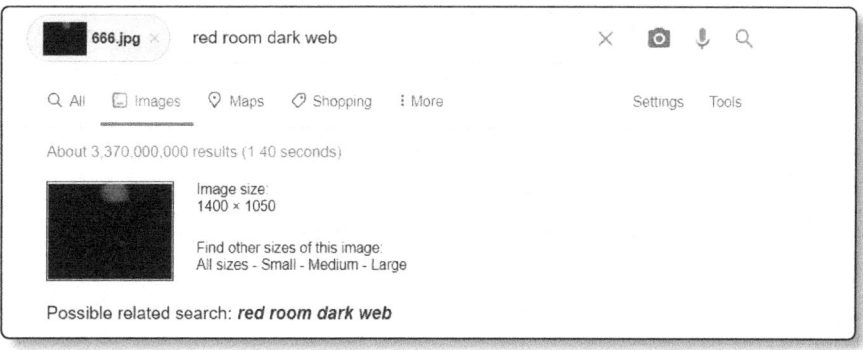

Figura 102. Búsqueda por imagen de RedRoom. Fuente propia.

Figura 103. Búsqueda por imagen de RedRoom. Fuente propia.

---

43   Google images. https://images.google.com/

Pero el programa de Google images va mucho más allá de indexar contenido relacionado con la búsqueda, es capaz de devolver otras imágenes similares en base a patrones hallados en base a la composición de nuestro gráfico de muestra (Figura 104).

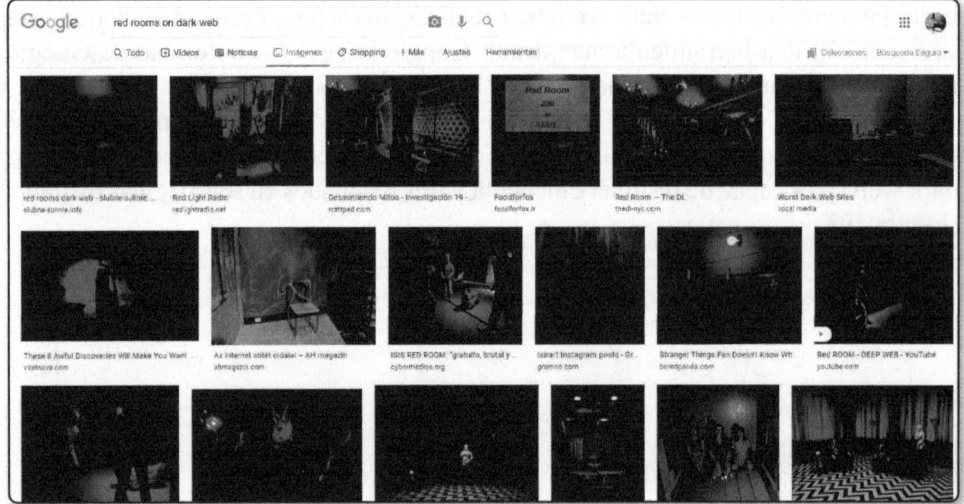

Figura 104. Búsqueda por imagen de RedRoom. Fuente propia.

Lejos de los foros relacionados con la búsqueda, que pueden aportarnos diversos puntos de vista sobre las RedRooms, nos hallamos una vez más ante un callejón sin salida, la imagen de fondo no puede proporcionarnos una evidencia definitiva sobre la credibilidad de la página web.

5.4.4 El video en diferido

Volvamos entonces sobre nuestros pasos, y accedamos nuevamente al índex de la RedRoom que hemos tomado como ejemplo; sigamos con ello la lógica que seguiría un afiliado o cliente a la hora de participar como espectador. Al acceder al apartado de espectador nos encontramos con unas credenciales de acceso, un código pin y un botón de "registro" (Figura 105). Cada vez que accedamos a este apartado se generarán cadenas aleatorias como identificador de usuario (Figura 106).

Si accedemos a registrarnos, el portal web nos enviará hacia un formulario donde se expone la cuenta de Bitcoin a la cual transferir el pago por el acceso. (Figura 107)

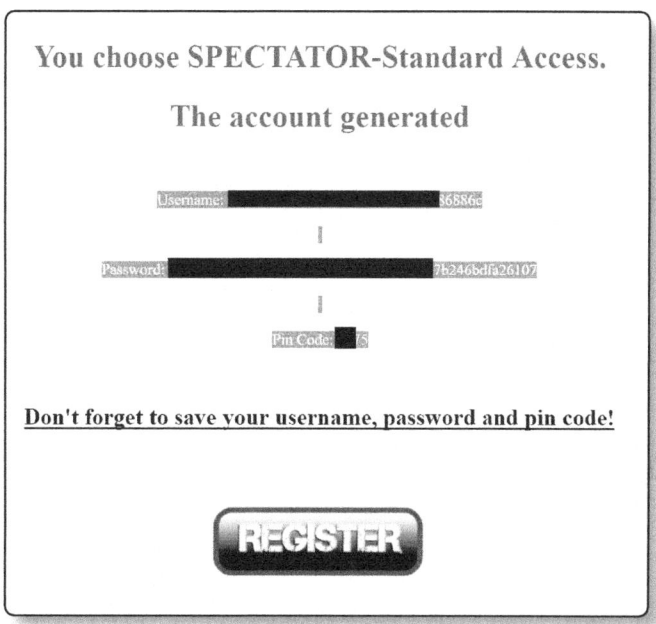

Figura 105. Opción de espectador en RedRoom. Fuente propia.

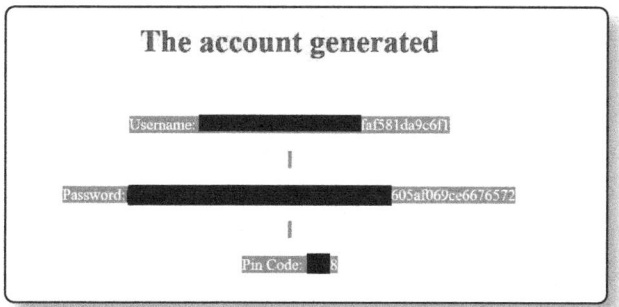

Figura 106. Opción de espectador en RedRoom. Fuente propia.

Figura 107. Opción de pago de espectador en RedRoom. Fuente propia.

Contar con el número de cuenta de bitcoin nos brinda un modo de acceder a la información sobre las transacciones que se han efectuado en relación con este servicio.

Formato	BASE58 (P2PKH)
Transacciones	31
Total Recibidas	0.22723134 BTC
Cantidad total enviada	0.22723134 BTC
Saldo final	0.00000000 BTC

Figura 108. Detalles de la cuenta Bitcoin de RedRoom. Fuente propia.

Como apreciamos en la Figura 108, la cuenta ha realizado 31 transacciones desde su creación, moviendo un total de 2010,9872 €. El primer ingreso ha sido registrado el 01/08/2019 (Figura 09), mientras que el último se ha efectuado el día 26/04/2020 (Figura 110).

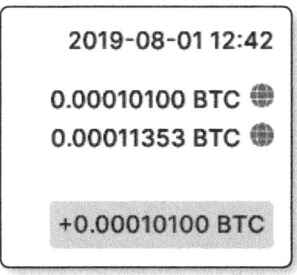

Figura 109. Detalles de movimiento en cuenta De Bitcoin de RedRoom. Fuente propia.

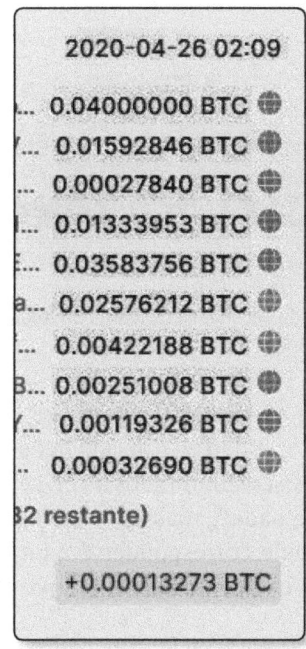

Figura 110. Detalles de movimiento en cuenta de Bitcoin de RedRoom. Fuente propia.

Sabemos entonces que han generado ingresos y que estos han sido retirados o re-invertidos, pero *¿realmente ofrecen aquello que promulgan en su página web?* Si volvemos a la sección principal desde la opción "join" encontraremos debajo de los perfiles participantes un enlace que indica:

"Descargar video. El último evento en el RedRoom desde Pireas, Grecia"

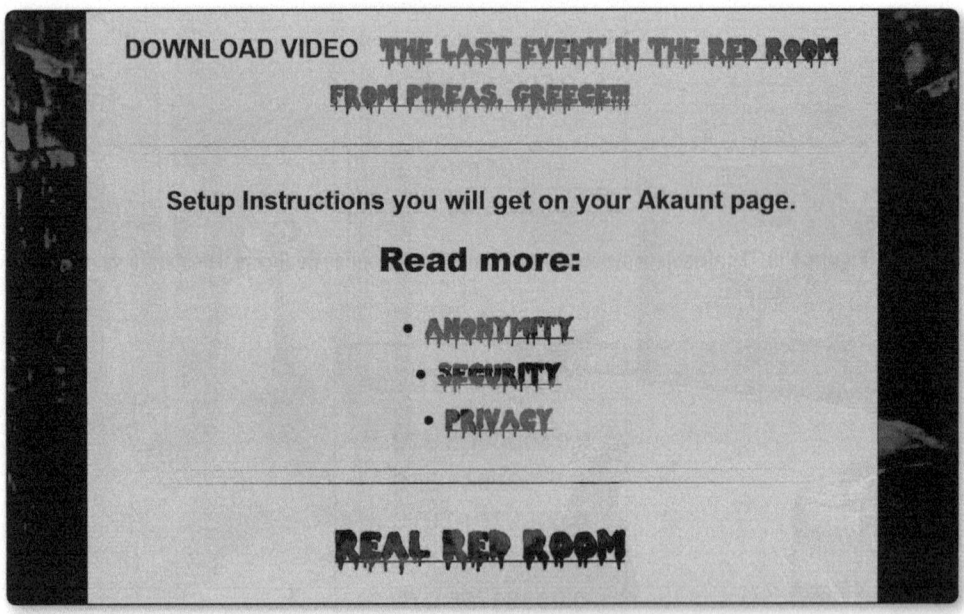

Figura 111. Detalles de sección de descarga en RedRoom. Fuente propia.

El enlace nos redirige a un repositorio en Tor donde se especifica la cuantía a abonar (100 $) para acceder al vídeo en diferido del evento supuestamente grabado en Grecia. Tal y como estamos acostumbrados a ver, se continúa con la misma tónica de "pagar antes de poder ver nada", mas todo servicio publicado en Internet que funcione bajo esta premisa suele corresponderse a un engaño evidente, lo cual nos conduce a contemplar el timo como verdadero motivo de ser de la RedRoom.

Como ya habrá tiempo para sacar conclusiones y ponderar cada una de las evidencias obtenidas, continuamos en la página de compra donde nos presentan una imagen en miniatura compuesta por diversas fotografías distorsionadas (Figura 112). Al no tener opción a la descarga de las imágenes procedemos nuevamente a rebuscar la ruta en el código conociendo así donde se aloja la imagen original.

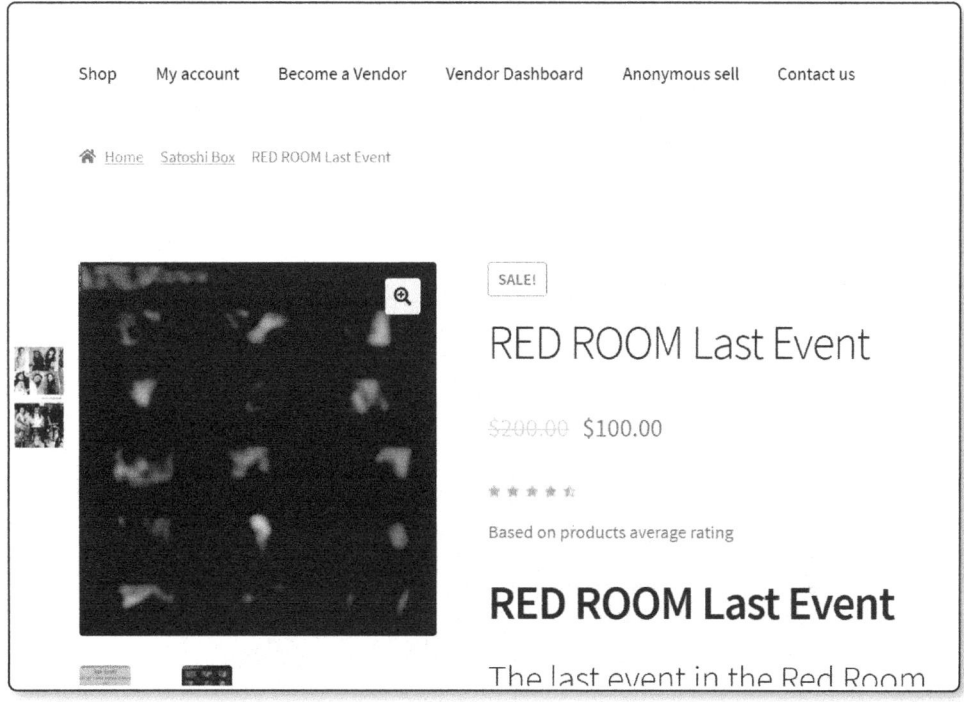

Figura 112. Miniatura de supuesto video en RedRoom. Fuente propia.

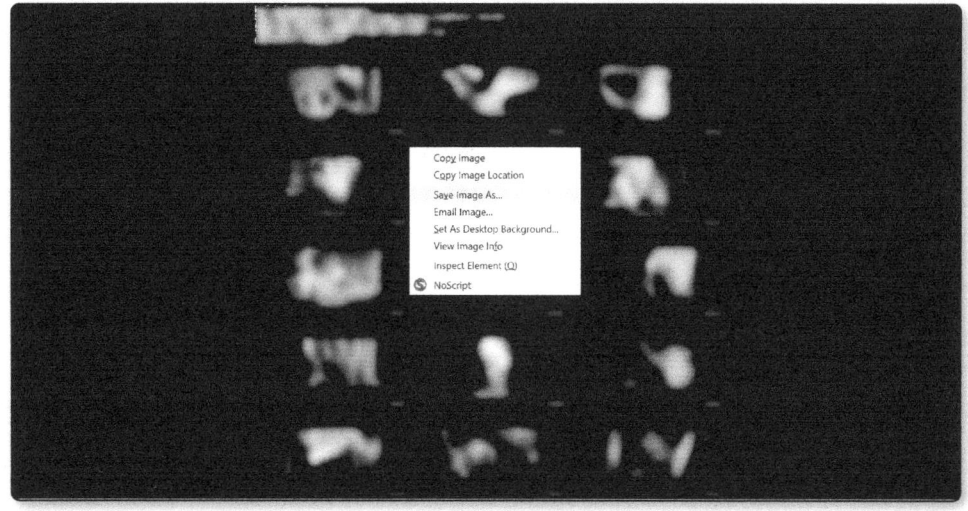

Figura 113. Descarga de imagen completa. Fuente propia.

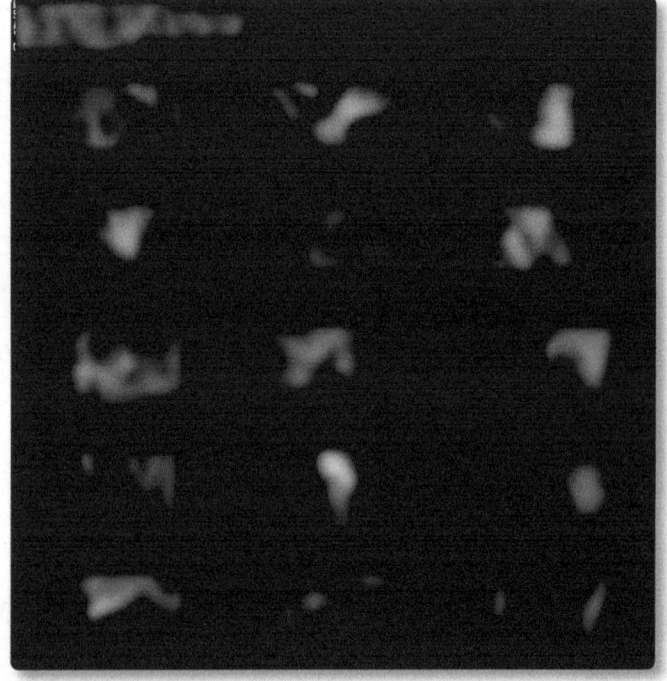

Figura 114. Imagen completa de supuesto video en RedRoom. Fuente propia.

Sometemos entonces a la imagen descargada al análisis de metadatos haciendo uso de otra aplicación, aunque sin éxito alguno. (Figura 115).

Figura 115. Análisis de metadatos sobre imagen de video en RedRoom. Fuente propia.

Pasado un tiempo prudencial, y con ánimos de ahondar sobre el servicio de pago por video en diferido, accedemos nuevamente a la página web para repetir el anterior proceso y simular la descarga del video correspondiente al último evento; enseguida notamos que el video disponible se corresponde a un supuesto evento hecho en Santos, Brasil, al contrario que el anterior (ubicado en Pireas, Grecia). Pero… *¿serán iguales las supuestas imágenes preliminares?*

Procedemos a dar el siguiente paso, y este nos conduce hacia el sistema de pago habitual con las miniaturas como reclamo.

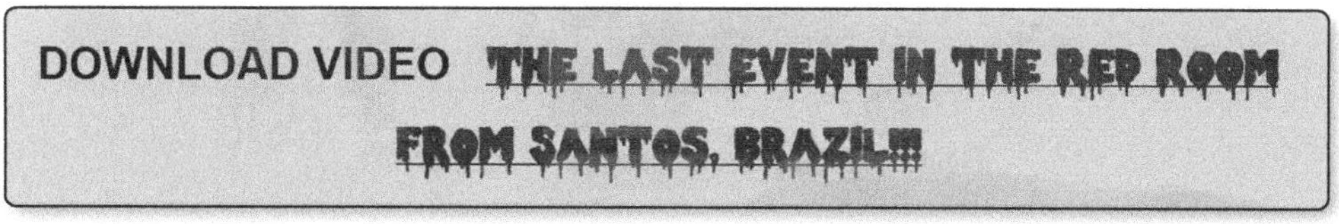

DOWNLOAD VIDEO THE LAST EVENT IN THE RED ROOM FROM SANTOS, BRAZIL!!!

Figura 116. Sección de descarga de video en diferido en RedRoom. Fuente propia.

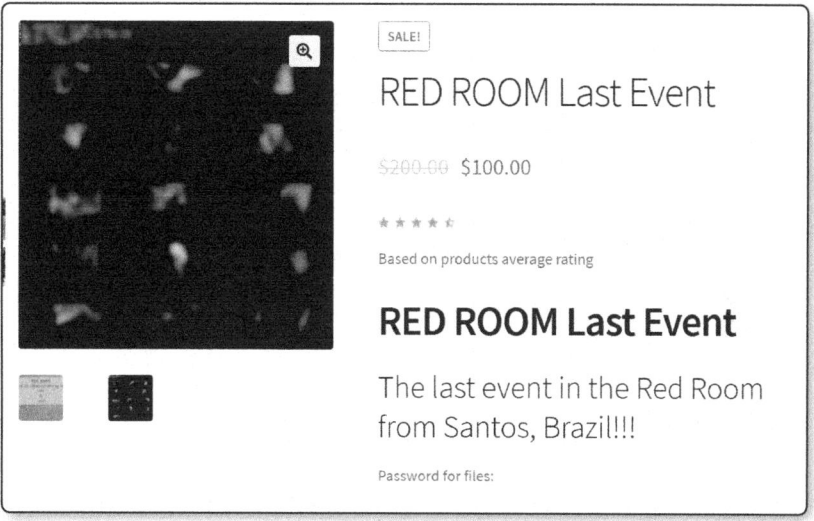

Figura 117. Sección de descarga de video en diferido en RedRoom. Fuente propia.

Como podemos apreciar en la Figura 117, la imagen utilizada es la misma que la del anterior evento, con lo cual hallamos otra razón de peso para deducir que se trata de un falso portal sobre asesinatos en directo.

5.4.5 La cuenta atrás

Por último, dispuestos a quemar "todos los cartuchos posibles", regresamos al mensaje original y nos centramos en el contador. En nuestra primera visita se indicaba que algo ocurriría en 4 días, 14 horas y 3 minutos.

Figura 118. Contador en RedRoom. Fuente propia.

Hacemos entonces un seguimiento activo y regresamos dos días despues para comprobar si el contador es funcional.

Figura 119. Contador en RedRoom. Fuente propia.

De esta manera, confirmamos que el contador es dinámico y ha restado los dos días de monitorización, aunque con los antecedentes sobre la página web no guardamos ninguna esperanza de que pueda enseñarse contenido revelador una vez acabada la cuenta atrás.

Transcurridos ya tres días se retorna para verificar que no se han efectuado cambios significativos más allá del hecho de que el contador sigue activo, aunque ahora en valores negativos, enseñándonos así cuantos días han transcurrido desde la "última actuación". (Figura 162)

Figura 120. Contador en RedRoom. Fuente propia.

5.4.6 Conclusión

LLa RedRoom representa sin lugar a dudas la quintaesencia de la DW, y más en concreto la DN, una zona donde hipotéticamente se realizan ejecuciones en directo con la ventaja de vender material en diferido; pero hemos hecho un verdadero trabajo de ingeniería inversa para proporcionar evidencias contrastables sobre una página de dudosa reputación; aunque los indicadores declinen parcialmente la balanza hacia la estafa digital como premisa, la conclusión final recae en la capacidad de abstracción y deducción de lector, para que cada uno pueda hacer sus propias lecturas a partir de los datos proporcionados en el presente análisis.

Por otro lado, y a pesar de que la DW esté rodeada de un halo de misterio e infoxicación, puede que el Kraken finalmente exista, y no hemos hecho más que tropezar con pistas erróneas y zonas vacías como consecuencia de las inmensas posibilidades que ofrece el basto océano; El Kraken no deja de ser un monstruo legendario, y sus milenarios tentáculos abarcan distancias inimaginables.

BLOQUE 2

METODOLOGÍAS DE INVESTIGACIÓN EN LA RED TOR

6

FUNDAMENTOS DE CIBERINVESTIGACIÓN
MEDIDAS DE SEGURIDAD Y APROXIMACIÓN METODOLÓGICA

Dejamos atrás el bloque divulgativo para adentrarnos en materia de ciberinvestigación, pretendiendo sintetizar aquí los resultados de diversas publicaciones científicas relativas al análisis volumétrico en DN. Me permito, por tanto, la licencia de utilizar las expresiones técnicas que resulten necesarias para trasladar el conocimiento a un público profesional de manera efectiva; pero antes de profundizar en pormenores de análisis de datos, conviene repasar los principios de ciberseguridad que ha de tener presente cualquier profesional antes de abordar este tipo de investigaciones.

6.1 MEDIDAS DE SEGURIDAD

Como bien se ha podido demostrar a lo largo de la obra, cuando navegamos en la DN nos movemos en arenas movedizas; un paso en falso puede acarrear serios problemas para la seguridad del navegante.

Teniendo en cuenta los puntos de exposición ante amenazas en materia tecnológica, o lo que es lo mismo, los escenarios en los cuales el investigador puede ver comprometido su anonimato y por ende su integridad física, deben adoptarse ciertos hábitos comunes a todos los procesos de ciberinvestigación en contextos de alta criticidad, además de contemplar medidas específicas en torno a la navegación segura en la red Tor.

6.1.1 Principios rectores en la ciberinvestigación

Como marco conjunto a todo proceso de ciberinvesigación, es de suma importancia que el profesional haga suyas las siguientes máximas:

- ▶ **Sé meticuloso y ordenado**: no debes interferir o contaminar la escena en el proceso de investigación; evita dejar evidencias que puedan delatarte.

- ▶ **Sigue un guion, aférrate al anonimato**: evita las interacciones con información personal (sobreexposición del investigador). Utiliza un alter ego cuando requieras de una identidad, nunca te desvíes del guion y las características generadas para tal fin.

- ▶ **Confianza cero**: evita involucrarte en exceso con agentes externos durante el proceso de investigación; evita todo vínculo de confianza en entornos de total anonimato.

- ▶ **Sé fiel a tus objetivos**: es natural dejarnos llevar por la tentación de averiguar más allá de nuestro alcance en una investigación, pero los movimientos laterales no harán más que desviarte de los objetivos; concéntrate en la rama de conocimientos que necesitas alcanzar, no te pierdas por el bosque de datos.

- ▶ **Revisa los permisos de tus aplicaciones**: No debes utilizar aplicaciones propietarias de terceros sin antes verificar la fuente y su funcionalidad.

▶ **Mantén tus sistemas actualizados**: Evita utilizar sistemas desactualizados ya que pueden presentar fallos críticos y con ello vulnerabilidades 0-Day.

▶ **Evita conectarte a redes públicas**: En aquellos casos que requieras acceso a Internet fuera de oficina, utiliza tu propio dispositivo móvil como router.

6.1.2 Axiomas para la navegación segura en la red Tor

En cuanto al análisis de contenido web dispuesto en la red Tor, deben tenerse en consideración los siguientes mecanismos de seguridad:

Uso de VPN como capa adicional de anonimato

Es recomendable contar con un sistema intermedio de enrutamiento antes de acceder a la DN; esta medida permite eludir cualquier mecanismo capaz de desenmascarar la dirección IP del investigador; desde ya les puedo asegurar que en la red Tor los sistemas para romper el anonimato están bastante extendidos, más aún, veremos algunos ejemplos en el siguiente capítulo.

Para enmascarar la IP antes de acceder a la red Tor es recomendable utilizar un servicio de VPN, y para ello existen opciones gratuitas como la dispuesta por ProtonVPN[44], por consiguiente, no hay excusas para ciberinvestigar de manera segura.

Modificación en la configuración del navegador Tor

Cuando accedemos a la red Tor, por lo general, lo hacemos mediante el navegador Tor Browser[45] el cual se instala, por defecto, con los parámetros de seguridad en niveles bajos; por consiguiente, se recomienda modificar -como mínimo- los parámetros relativos a la ejecución de Cookies y Javascript, pasando de un nivel bajo a uno alto; de esta manera, estaremos protegiendo la navegación ante otros señuelos que pretendan inyectar código del lado del cliente para obtener datos del investigador.

---

44 https://protonvpn.com/

45 https://www.torproject.org/es/download/

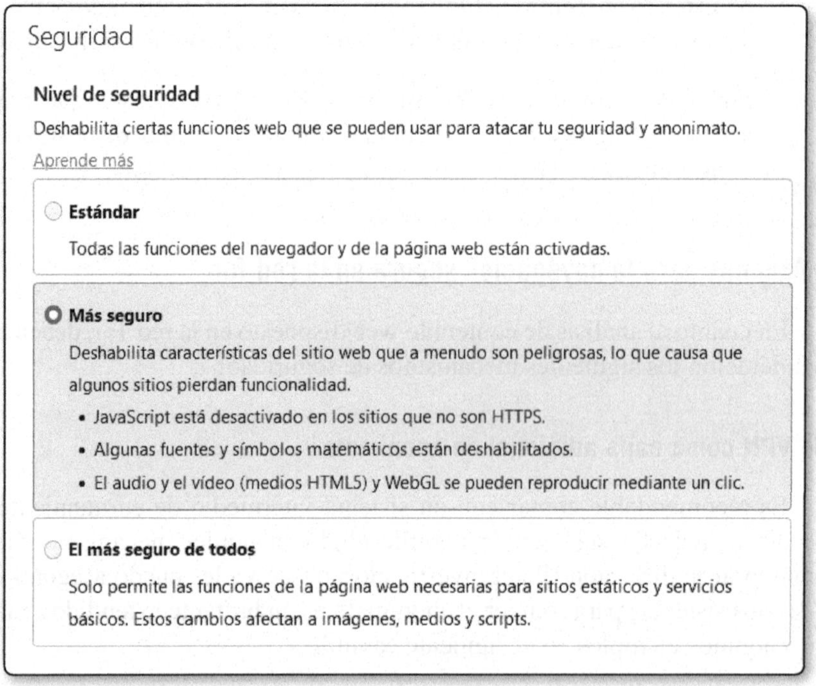

Seguridad

Nivel de seguridad

Deshabilita ciertas funciones web que se pueden usar para atacar tu seguridad y anonimato.

Aprende más

○ **Estándar**

Todas las funciones del navegador y de la página web están activadas.

○ **Más seguro**

Deshabilita características del sitio web que a menudo son peligrosas, lo que causa que algunos sitios pierdan funcionalidad.

- JavaScript está desactivado en los sitios que no son HTTPS.
- Algunas fuentes y símbolos matemáticos están deshabilitados.
- El audio y el vídeo (medios HTML5) y WebGL se pueden reproducir mediante un clic.

○ **El más seguro de todos**

Solo permite las funciones de la página web necesarias para sitios estáticos y servicios básicos. Estos cambios afectan a imágenes, medios y scripts.

Figura 121. Niveles de seguridad en Tor Browser. Fuente propia.

Uso de laboratorios y limpieza de metadatos

Es aconsejable trabajar el contenido de la investigación (acceso a las páginas web, la descarga de ficheros o la generación de nuevos ficheros, etc.) desde entorno un entorno virtual efímero antes de la confección del producto de inteligencia, evitando así incluir metadatos que puedan revelar la identidad del investigador. El uso de laboratorios supone, por tanto, consumir el contenido de la red Tor desde un espacio seguro que sirva como barrera lógica contra la posible exfiltración de datos personales ubicados en nuestro sistema *host*.

Segmentación de redes en entorno virtualizado

Puesto que desarrollamos nuestros procesos de investigación en una infraestructura virtualizada y que, en caso de requerir desplegar un nodo, nuestro servidor web puede verse afectado por futuras vulnerabilidades, debe realizarse un despliegue sobre una red aislada o apantallada mediante un Router-Firewall que extienda una V-LAN destinada a tal fin. Esta acción dificulta el acceso a otros sistemas locales por parte de los delincuentes en caso de comprometer el nodo destinado a la ciberinvestigación.

Limpieza de identidades

Dado que el contenido y el código presente en nuestro potencial nodo de ciberinvestigación es susceptible a ser clonado y analizado por agentes externos, el sistema base no ha de contener cuentas de usuario que permitan una asociación semántica con la identidad del investigador (por ejemplo: usurario *fgallo*, lo que conllevaría a deducir el nombre Facundo Gallo Serpillo).

Limitación de disponibilidad de nodos

La mala praxis en el uso de nodos se traduce, por norma general, en serios problemas contra la integridad física del investigador. La disponibilidad prolongada de los servidores en la red Tor puede acarrear análisis de vulnerabilidades o pruebas de intrusiones por parte de los ciberdelincuentes.

6.2 APROXIMACIÓN METODOLÓGICA

Dejando atrás los axiomas sobre investigación cibersegura, procederemos a ilustrar los principales enfoques metodológicos que suelen utilizarse para la observación de actividades sospechosas, o directamente ilícitas, en la red Tor. Comenzaremos por un escenario ampliamente aceptado en el imaginario colectivo (el uso de sistemas "espías"), para luego plantear dos enfoques basados en la propia experiencia del autor. El siguiente contenido también puede hallarse en la presentación llevada a cabo en la *Jornada de Innovación Metodológica en Análisis y Prevención del Crimen* (Gallo-Serpillo, 2025).

Despliegues de nodos para la distribución de RAT

Una de las leyendas más extendidas en la red Tor, y que hemos mencionado en anteriores capítulos, se basa en la existencia de nodos espía al servicio del "Gobierno". Ya hemos demostrado la falta de evidencia empírica en torno a supuestas capas de la red Tor destinadas a defensa (sistemas militarizados), pero con la capacidad de desplegar nuestro propio nodo web también tenemos la libertad de alojar ficheros de cualquier naturaleza, y bajo esta misma lógica, podemos confirmar la presencia de servicios que alojan malware capaz de infectar el sistema del navegante.

El siguiente diagrama conceptual (Figura 122) representa un usuario que pretende acceder a la web "gob.es" y, paralelamente, se plantea el acceso a una página ilícita dispuesta en la DN. Pretendiendo consultar una temática concreta en la red Tor, se topa con una página señuelo que descarga un RAT (sistema de acceso remoto) en su equipo. En el mejor de los casos, el usuario ha sido infectado y ahora es parte de una red zombie (controlado mediante una C&C) pero, en el peor de los casos, su identidad y tendencias de navegación quedan expuestas, lo cual pone en serio riesgo su privacidad.

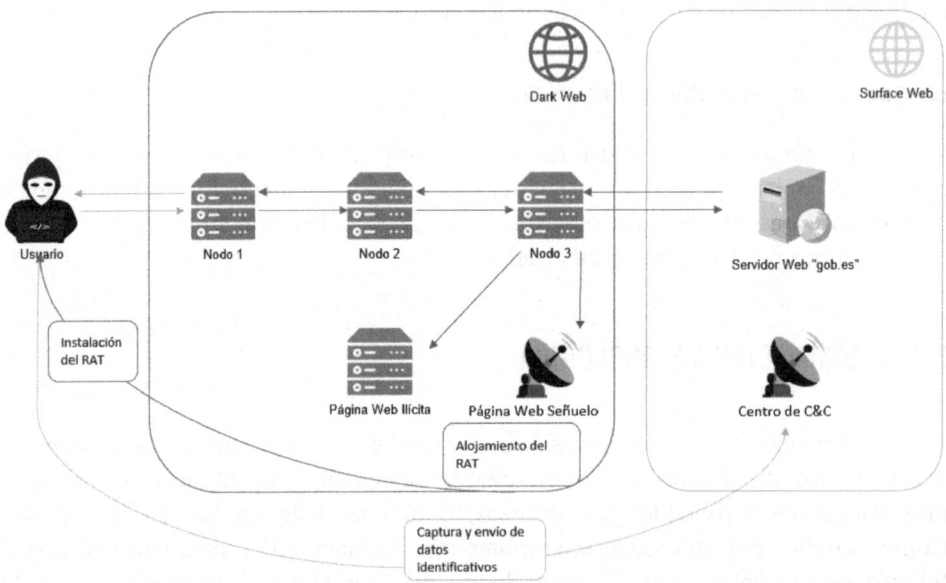

Figura 122. Método intrusivo. Fuente propia.

El uso de nodos con capacidad de distribuir RAT es una metodología eminentemente intrusiva que bien puede permitirse un agente del orden (previa autorización de un juez) pero, como civiles, no resulta ético ni tampoco justificable invadir el equipo de un usuario e instalar mecanismos maliciosos.

Despliegue de nodos para la observación de consumo web

Como alternativa al anterior método de desanonimización y exposición del usuario, se plantea el uso de nodos en la red Tor para una observación pasiva basada en el consumo que efectúa un navegante sobre una página web, lo cual permite recopilar datos de gran valor para investigaciones tanto académicas como forenses. Esta metodología encuentra su génesis en el artículo científico *El arte de pescar en aguas profundas: Metodología de investigación criminológica basada en dark web y honeypots* (Valls-Prieto y Gallo-Serpillo, 2022), y requiere de un conjunto de pasos que serán desglosados en el próximo capítulo.

A modo introductorio, podemos suponer la existencia de un usuario que, en su búsqueda de contenido en la SW y DN, acaba encontrando un señuelo (en adelante, *Honeypot*); dicho señuelo representa una página web con contenido de especial interés (Figura 123). En el presente escenario, el *Honeypot* será capaz de interpretar datos de su navegación sin necesidad de instalar ningún mecanismo en el equipo del usuario. Con los datos de navegación podrán obtenerse mapas sobre el perfil demográfico del navegante, e incluso podría llegar a adivinarse la supuesta identidad del usuario anónimo.

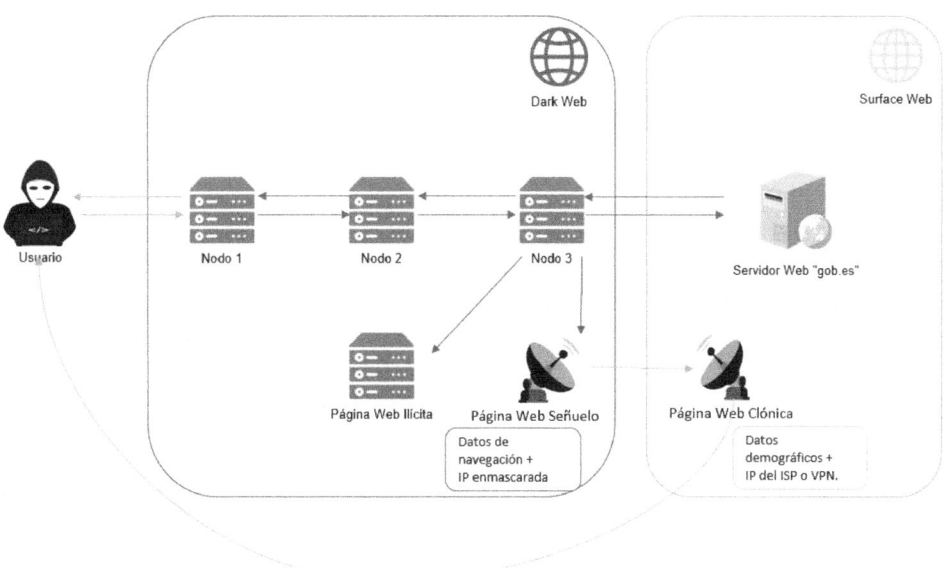

Figura 123. Método pasivo mediante servicio web. Fuente propia.

Despliegue de nodos para la observación de tráfico enrutado

Por último, y no menos importante, puede observarse el tráfico saliente de la red Tor siendo parte de los nodos de salida. Hablamos entonces de una modalidad que permite la monitorización pasiva de consultas DNS, lo cual nos permite evaluar las tendencias de los usuarios en el consumo de servicios web desde la red Tor.

Siguiendo con nuestro caso hipotético, en la Figura 124 puede observarse como el usuario accede con normalidad a la red Tor sin saber que el último nodo de la cadena está siendo suministrado por un ciberinvestigador. Es en este nodo donde el tráfico vuelve a ser legible (en claro) y, consecuentemente, las consultas web pueden ser visualizadas y capturadas en tiempo real.

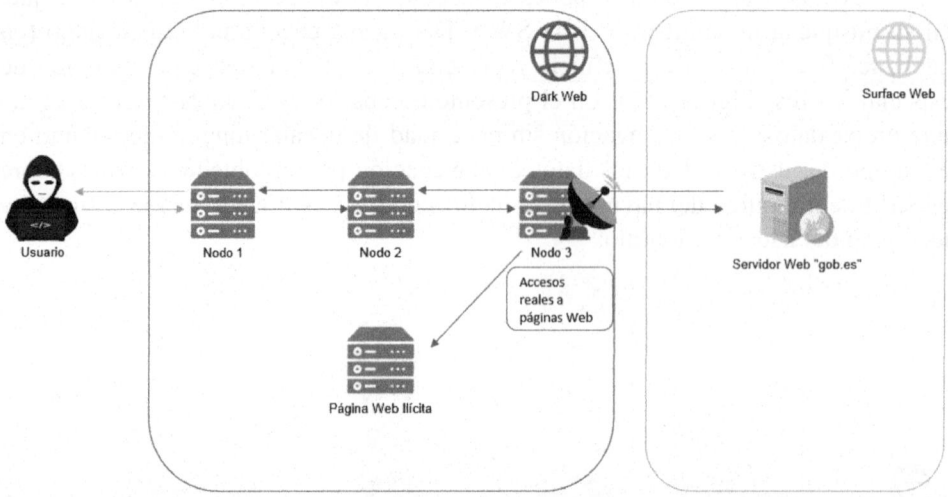

Figura 124. Método pasivo mediante monitorización de tráfico. Fuente propia.

7

MÉTODOS PASIVOS DE CIBERINVESTIGACIÓN
HONEYPOTS E INSPECCIÓN DE TRÁFICO

En el presente capítulo se profundizará sobre el uso de métodos pasivos desarrollados por el autor en sus trabajos académicos. Los datos expuestos pueden ser consultados en las respectivas publicaciones científicas referenciadas a lo largo del texto.

7.1 USO DE HONEYPOTS PARA ESTUDIOS DEMOGRÁFICOS

En lo que respecta a la metodología de análisis pasivo mediante el uso de *Honeypot*, método ideado y detallado en el artículo *El arte de pescar en aguas profundas: Metodología de investigación criminológica basada en dark web y honeypots* (Valls-Prieto y Gallo-Serpillo, 2022), y posteriormente puesto en práctica para el artículo *Analysis of CSEM offenders on the dark web using honeypots to geolocate IP addresses from Spain* (Gallo-Serpillo y Valls-Prieto, 2024), su eficacia se basa en una antigua premisa subrayada en todo foro con contenido ilícito:

Nunca salgas del circuito de Tor para acceder a una web

Con la anterior advertencia en mente se pretende aprovechar la vulnerabilidad en pro de la investigación; para ello, es necesario desplegar un servicio web temático (*Honeypot)* en la red Tor y, a diferencia del método intrusivo mediante RAT, o el método pasivo de inspección de tráfico, se requiere aquí de un segundo servidor (*Honeypot* clónico) ubicado en la SW. Ambas páginas web tienen que ser idénticas para que el usuario de la red Tor pueda ser redirigido al portal clónico sin percibir cambios de formato que le hagan sospechar. El concepto general radica en que un consumidor del *Honeypot* en red Tor pueda ser redirigido al *Honeypot* clónico en la SW mediante la apertura forzosa de su navegador habitual (Google, Firefox, Edge, etc.); una vez que se produce el salto desde el Tor Browser a un navegador habitual, se rompe la premisa anteriormente descrita y los datos reales de navegación quedan expuestos (siempre y cuando no haya una conexión mediante VPN).

Además del uso de *Honeypots* en tándem, hay una serie de procesos que merecen la pena ser descritos para comprender aún más el alcance y potencial de la metodología.

La primera fase requiere determinar, por un lado, el objeto o tópico criminológico presente en la DN (tráfico de armas, tráfico de drogas, pornografía infantil, etc), y por otro la localización de orígenes de datos (chat, foros, pastesites, etc.) como fuentes primarias de rastreo de contenido ilícito asociado a la investigación.

La segunda fase abarca el desarrollo de *Crawlers* mediante la técnica denominada *Web Scraping,* la cual permite extraer datos de una o varias páginas web de manera automatizada; la ejecución de *Crawlers* sobre las fuentes primarias permitirá extraen datos de contacto de ciberdelincuentes (Mail, Whatsapp, Telegram, etc.). A continuación, se expone un ejemplo de Crawler diseñado para la recopilación de datos en Tor mediante lenguaje *Python*.

Ejemplo de Script en Python para Web Scraping en red Tor usando BeautifulSoup

```
_author__ = 'Facundo Gallo'

import socks5
import socks #Para usar esta librería hace falta instalar Pysocks y
Pysock5
import socket
import requests
from bs4 import BeautifulSoup
import re
import csv
import time # Se activará si quiero ponerle el Timestamp
import sys
import os

# Configuro Socks para usar Tor

from urllib.request import urlopen

socks.set_default_proxy(socks.SOCKS5, "localhost", 9150)
socket.socket = socks.socksocket

# Necesario para la resolución de DNS en Tor
def getaddrinfo(*args):
return [(socket.AF_INET, socket.SOCK_STREAM, 6, '', (args[0],
args[1]))]

socket.getaddrinfo = getaddrinfo

# Leemos la pagina Stronghold Paste
res =
requests.get("http://
strongerw2ise74v3duebgsvug4mehyhlpa7f6kfwnas7zofs3kov7yd.onion/all")
# Link funcional hasta el 2021: http://nzxj65x32vh2fkhk.onion/all

# Transformo el contenido con beatifulsoup
soup = BeautifulSoup(res.content, 'html.parser')

# Obtengo el titulo
soup.title

# Obtengo lo que este en la clase donde se escribe el contenido
eq = soup.find_all('div', class_='well well-sm well-white pre')

# Me creo una lista para cada entrada
entradas = list()
```

```
count = 0

# Recorro un bucle para guardar el contenido hasta 20 entradas
for i in eq:
    # nos quedamos con los 20 primeros:
    if count < 20:
        entradas.append(i.text)
    else:
        # si no es menor a 20 salir del bucle
        break
        # vamos incrementando la lista
    count += 1
print(entradas, end='\n')

# Convierto la lista a String por si necesito recuperar en este formato
# cadena = " ".join(entradas)

# Hago limpieza del fichero csv
if os.path.exists("../Archives/StrongholdPaste.csv"):
    os.remove("../Archives/StrongholdPaste.csv")

# Guardo los resultados en un CSV codificado en utf-8
mi_path = '../Archives/StrongholdPaste.csv'
f = open(mi_path, 'a+', encoding='utf-8')

# Recorro la lista entradas para escribir el CSV
for i in entradas:
    # Me creo una variable now que capture la hora del PC como timestamp
y la imprimo en cada linea
    # now = time.strftime('%d-%m-%Y %H:%M:%S')
    # f.write(now)
    f.write('')
    f.write(i)
    f.write(';')
f.close()
```

En la tercera fase de la metodología se analizan los datos extraídos por los *Crawlers*, se procede a estructurar la información, y se verifica la existencia de datos de contacto.

La cuarta fase se corresponde a la construcción y despliegue de *Honeypots* en la DN y SW.

La quinta fase hace alusión a la representación de las coordenadas geográficas obtenidas desde SW, para ello se utilizan técnica de *crime mapping*. En este apartado no se aborda en profundidad el uso de software para generar mapas de calor ya que está sujeto a la experiencia previa de cada investigador en el análisis estadístico.

Por último, y no menos importante, la notificación a las Fuerzas y Cuerpos de Seguridad del Estado sobre el despliegue de *Honeypots*, y su debida justificación, es de suma importancia para no entorpecer ni generar ruido durante las operativas policiales.

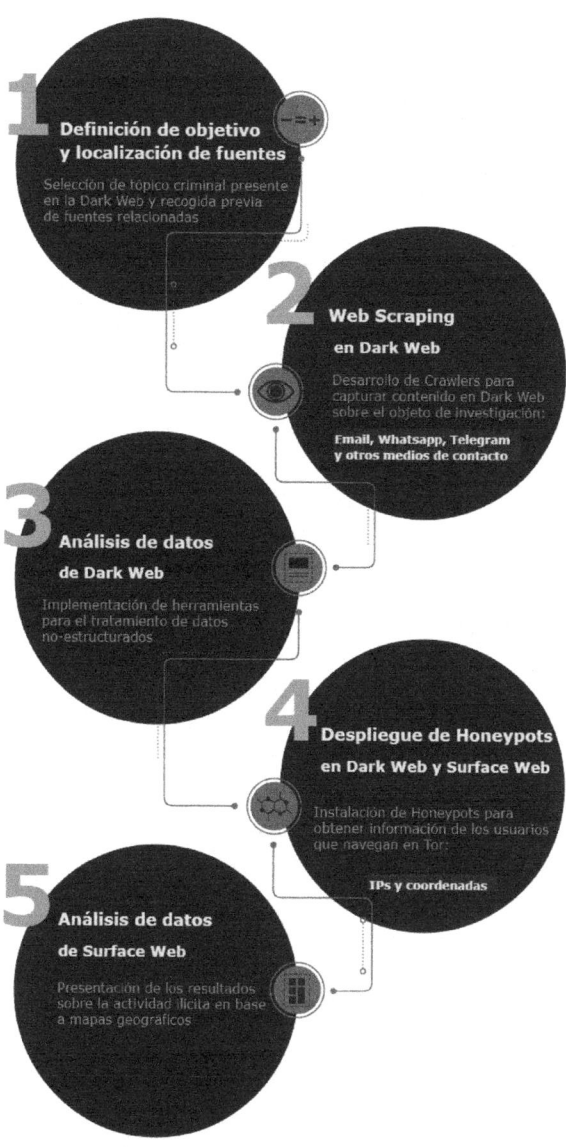

Figura 125. Ciclo de vida de metodología Deep-Sea Fishing. Fuente: Valls-Prieto y Gallo-Serpillo (2022)

Con el siguiente diagrama se pretende ilustrar el ciclo completo de la metodología (Figura 126). En primera instancia, podemos observar el proceso origen para la extracción de contactos, seguido del tratamiento y almacenamiento de los datos; posteriormente, el enlace al *Honeypot* de la DN es diseminado a los contactos recopilados con el afán de que accedan al señuelo; finalmente, los usuarios consumidores son redirigidos al portal clónico dónde se capturan datos identificativos y/o demográficos, procediendo al mapeo de la actividad criminal.

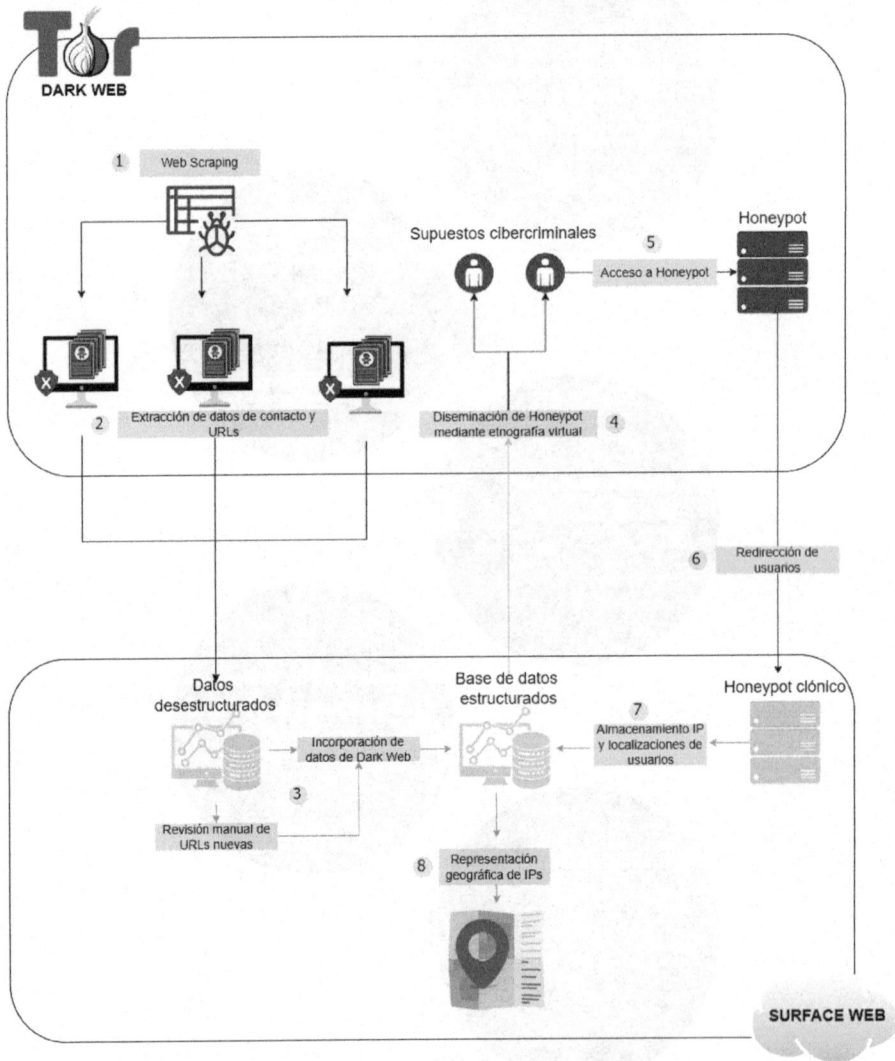

Figura 126. Proceso completo de la metodología basada en Honeypot.
Fuente: Valls-Prieto y Gallo-Serpillo (2022).

Los resultados empíricos de la metodología no dejan margen a dudas sobre su aplicabilidad y utilidad de cara al estudio de conductas delictivas; como claro ejemplo de ello, puede hallarse un estudio de campo circunscrito a la geolocalización de usuarios en la red Tor; si bien los resultados de dicho estudio se encuentran recogidos en el artículo *Analysis of CSEM offenders on the dark web using honeypots to geolocate IP addresses from Spain* (Gallo-Serpillo y Valls-Prieto, 2024), se expone a continuación un cartograma basado en el geoposicionamiento (sobre el territorio español) de usuarios que consumen material de abuso sexual infantil en la red Tor.

Figura 127. Proceso completo de la metodología mediante Honeypot.
Fuente: Valls-Prieto y Gallo-Serpillo y Valls-Prieto (2024).

7.2 MONITORIZACIÓN DE TRÁFICO EN LA RED TOR

La última metodología por detallar es aquella que provee capacidad de monitorización del tráfico de red. En este sentido, la clave se encuentra en el despliegue de un nodo de salida en Tor.

Desplegar un nodo de salida en Tor es relativamente sencillo, y los pasos se encuentran documentados para todo aquel que quiera crear su propio entorno de investigación[46]. En la siguiente figura puede observarse un ejemplo de la infraestructura utilizada durante un proyecto de investigación.

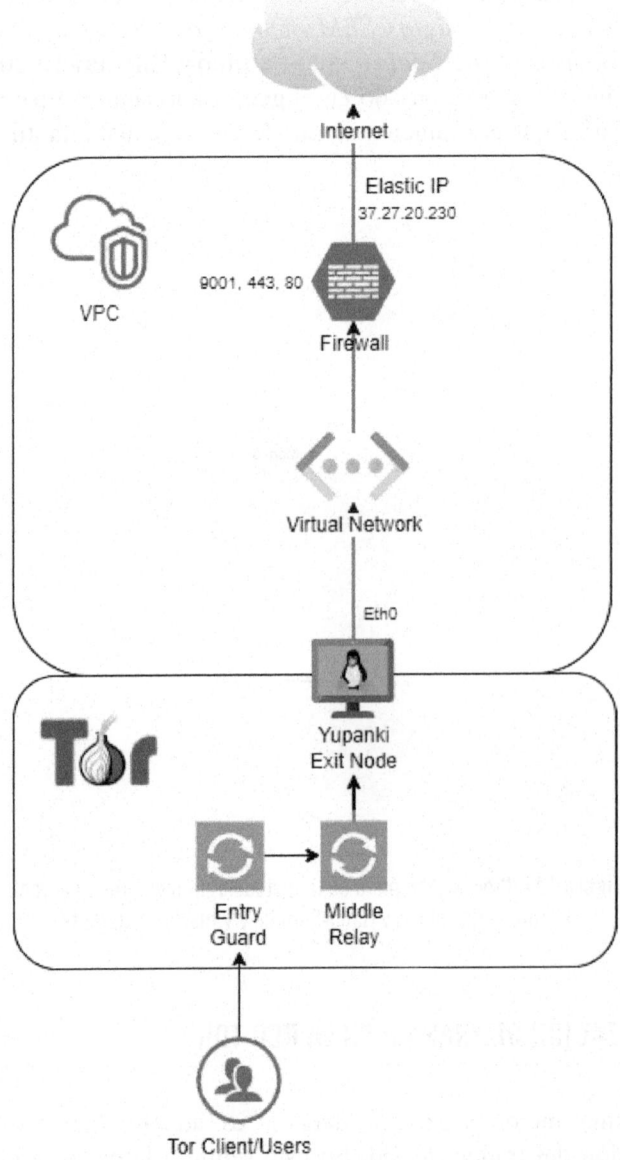

Figura 128. Infraestructura del nodo de salida Yupanki. Fuente: Gallo-Serpillo y Saldaña-Taboada (2025).

---

46   https://gitlab.com/fdgallo/tor-exit-node

En lo referente a la publicación exitosa del nodo de salida, se requiere fundamentalmente de dos pasos esenciales:

1. Que el nodo sea validado dentro del circuito, algo que puede ocurrir en 24 horas tras su configuración (siempre que estén todos los parámetros correctos).

2. Publicación de página informativa en la raíz del directorio web. En caso de utilizar el nodo con fines de investigación estadística es recomendable dejar constancia de ello, evitando así malentendidos cuando el proveedor de servicios (si es que contamos con uno) detecte que nuestro nodo está siendo utilizado como proxy para lanzar campañas maliciosas. Esto último es habitual, créanme, a mí me ha ocurrido, y he experimentado cortes repentinos de mi nodo de salida (denominado Yupanki) por parte del proveedor Cloud.

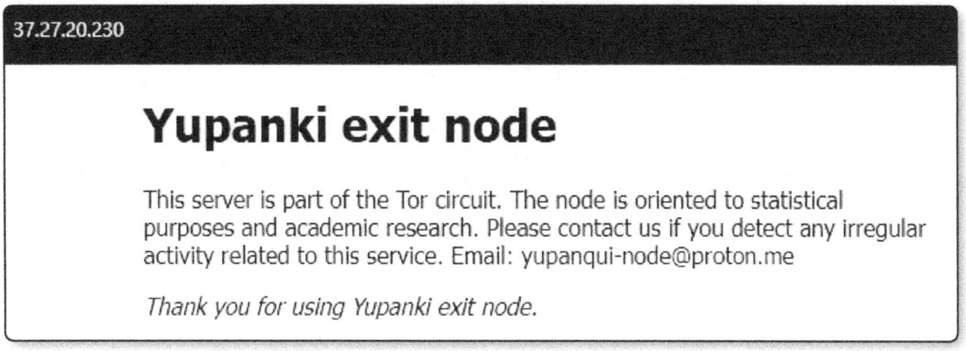

Figura 129. Página web publicada en el nodo de salida Yupanki.
Fuente: Gallo-Serpillo y Saldaña-Taboada (2025).

Una vez publicado el nodo, lo que debemos hacer es empezar a monitorizar la interfaz de red por la cuál estamos enrutando tráfico de los usuarios de Tor; para la escucha pasiva he utilizado DNSTOP y TCPDUMP (Figura 130), llegando a recopilar más de 3GB de datos en bruto en tan solo dos horas de captura.

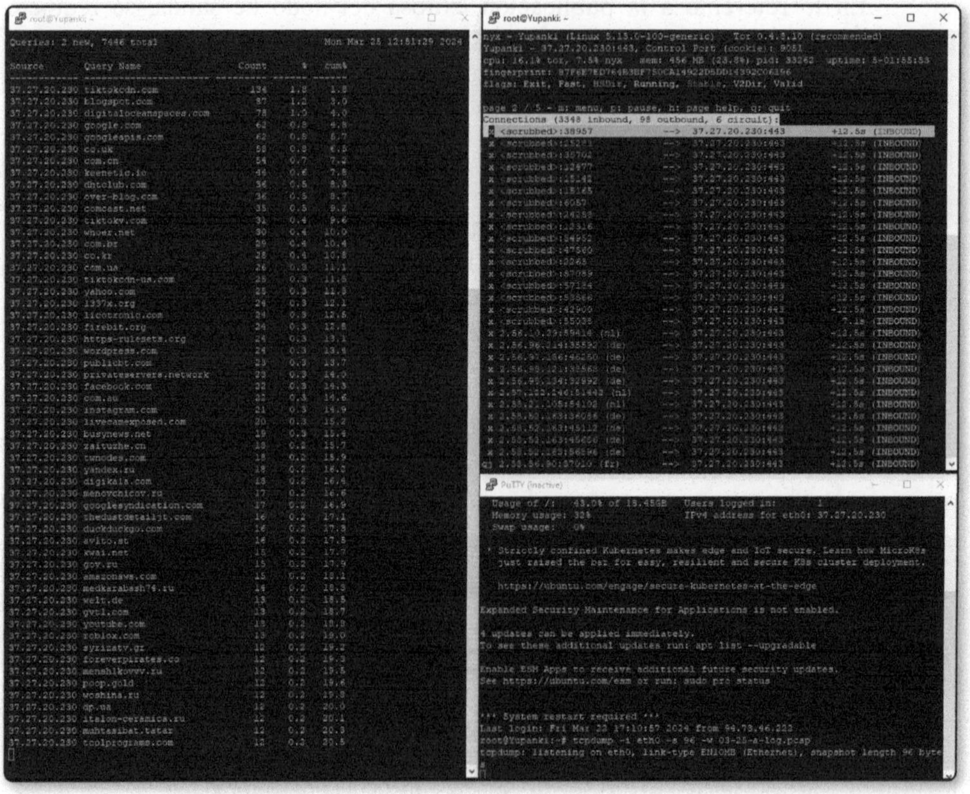

Figura 130. Tráfico de red monitorizado. Fuente: Gallo-Serpillo y Saldaña-Taboada (2025).

Si bien los detalles del procedimiento y los resultados son recogidos en el artículo *In search of light: detecting cybercrime through the analysis of unencrypted traffic on the TOR network. Information & Communications Technology Law* (Gallo-Serpillo y Saldaña-Taboada, 2025), se expone a continuación el principal cartograma obtenido tras el análisis de consultas DNS hacia páginas maliciosas, o lo que es lo mismo, servicios de baja reputación que están siendo consumidos por usuarios de en red Tor.

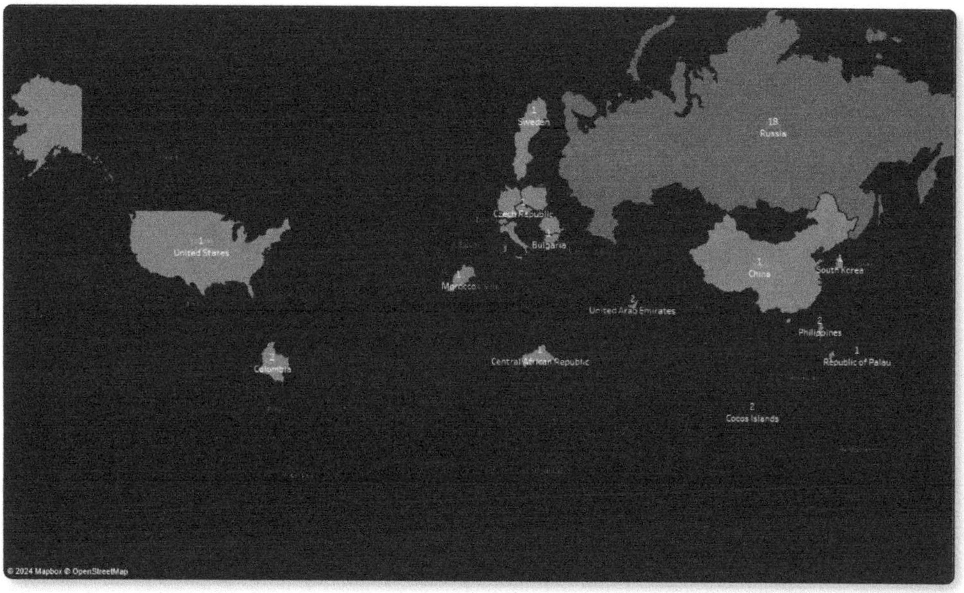

Figura 131. Tráfico malicioso capturado en la red Tor. Fuente: Gallo-Serpillo y Saldaña-Taboada (2025).

Figura 1.31.

GLOSARIO DE TÉRMINOS

Bitcoin: Protocolo peer-to-peer utilizado como moneda digital.

Bittorrent: Protocolo de intercambio de archivos peer-to-peer en Internet.

Bot: Programa informático que automatiza tareas repetitivas.

Capture the flag: Competición de hacking cuyo objetivo es la intrusión del equipo del adversario.

Creepypasta: Relato de terror recogido de Internet cuyo fin es asustar e inquietar al lector.

Dark Net: Red oscura dentro de la Deep Web, donde puede hallarse material delictivo.

Deep Web: Red anónima que proporciona contenido no indexado o monitorizado.

DN: Acrónimo de Dark Net.

DNS: Acrónimo de Sistema de Nombres de Dominio.

DW: Acrónimo de Dark Web.

Exploit: Fragmento de software destinado a explotar un fallo informático.

Freenet: Red de distribución descentralizada y anónima.

Honeypot: Sistema señuelo que permite recopilar información de los usuarios.

I2P: Red de Internet basada en túneles que proporciona una capa de anonimato para el desarrollo.

Malware: Conjunto de amenazas tecnológicas.

Metadatos: Estructura intrínseca de datos digitales.

P2P: Peer-to-peer o red entre iguales, conjunto de ordenadores donde todos comparten la misma función en el intercambio de datos.

Petabytes: Unidad de medida que equivale a 1.024 terabytes o 1'048.576 gigabytes.

Surface Web: Red superficial de Internet donde navega comúnmente la mayoría de los usuarios.

SW: Acrónimo de Dark Web.

TLD: Acrónimo de Dominio de Nivel Superior.

Tor: Proyecto para el desarrollo de comunicaciones distribuidas de baja latencia y superpuesta sobre internet.

VPN: (Virtual Private Network) es una tecnología de red utilizada para conectar en remoto uno o varios equipos a una red privada utilizando Internet.

REFERENCIAS

ABC. (2018). España fichará a 2.000 hackers y expertos civiles contra las ciberamenazas.https://www.abc.es/espana/abci-espana-fichara-2000-hackers-y-expertos-civiles-contra-ciberamenazas-201801140302_noticia.html

ABC. (2010). Jacques Piccard, el hombre que descendió a las profundidades de la Tierra. https://www.abc.es/20100124/historia-/jacques-piccard-record-marianas-201001242214.html

Arma.es. (2013). https://www.armas.es/foros/viewtopic.php?t=977809

Consejo de Investigación Científica e Industrial. (2017). https://researchspace.csir.co.za/dspace/bitstream/handle/10204/9261/Aschmann_18774_2017.pdf?sequence=1

CSIC. Guía didáctica de luz en el mar. https://elmarafons.icm.csic.es/wp-content/uploads/2018/04/gu%C3%ADa- did%C3%A1ctica-luz-en-el-mar_red.pdf

DeMonaco, J (director). (2014). The Purge: Anarchy. Estados Unidos: Blumhouse Productions.

EMCDDA, & Europol. (2017). Drugs and the darknet. EMCDDA and Europol Report. https://www.emcdda.europa.eu/system/files/publications/6585/TD0417834ENN.pdf

Gallo-Serpillo, F., Saldaña-Taboada, P. (2025). In search of light: detecting cybercrime through the analysis of unencrypted traffic on the TOR network. Information & Communications Technology Law, https://doi.org/10.1080/13600834.2025.2463715

Gallo-Serpillo, F. (2025). MÉTODOS DE CIBERINVESTIGACIÓN EN LA RED OSCURA DE INTERNET. DOI: 10.13140/RG.2.2.16335.75682

Gallo Serpillo, F. D. (2024). Estudio sobre la pornografía infantil en internet y su relación con la desaparición forzosa de menores en España [Tesis doctoral, Universidad de Granada].

Gallo-Serpillo, F., Valls-Prieto, J. (2024). Analysis of CSEM offenders on the dark web using honeypots to geolocate IP addresses from Spain. Computers in Human Behavior, Volume 154, https://doi.org/10.1016/j.chb.2024.108137

Valls-Prieto, J., Gallo-Serpillo, F. (2022). El arte de pescar en aguas profundas: Metodología de investigación criminológica basada en dark web y honeypots. Cuadernos de política criminal, 138, pp. 223-254.

Geoenciclopedia. https://www.geoenciclopedia.com/edades-de-hielo/

Juan Castromil. (2013). 20minutos. Silk Road, la web de venta anónima de armas y drogas, clausurada por el FBI. https://clipset.20minutos.es/silk-road-la-web-de-venta-anonima-de-armas-y-drogas-clausurada-por-el-fbi/

Ley Orgánica 10/1995, de 23 de noviembre, del Código Penal. (1995.). https://www.boe.es/buscar/act.php?id=BOE-A-1995-25444

MCCD. https://emad.defensa.gob.es/unidades/mccd/

NPR. (2014). Going dark the intertet behind the Internet?. https://www.npr.org/sections/alltechconsidered/2014/05/25/315821415/going-dark-the-Internet-behind-the-Internet?t=1588443219014

Pandasecurity. Tor y deepweb todos los secretos. https://www.pandasecurity.com/spain/mediacenter/seguridad/tor-y-deepweb-todos-los-secretos/

Pierluigi Paganini. The Deep Web: The Internet's Dark Side.

https://www.britannica.com/topic/Deep-Web-The-Internets-Dark-Side- The-2010684

Thomas Holt. (2019), WEAPONS TRADE REVEALS A DARKER SIDE TO DARK WEB. https://msutoday.msu.edu/news/2019/weapons-trade-reveals-a-darker-side-to-dark-web/

Trend Micro. (2013). Deepweb and Cybercrime. https://www.trendmicro.de/cloud-content/us/pdfs/security-intelligence/white-papers/wp-deepweb-and-cybercrime.pdf

Tres Iniciados. (2013). Kybalión. Editorial Yung.

ÍNDICE ALFABÉTICO